nietzsche

CONSELHO EDITORIAL DE FILOSOFIA

Maria Carolina dos Santos Rocha (Presidente). Professora e Doutora em Filosofia Contemporânea pela ESA/Paris e UFRGS/Brasil. Mestre em Sociologia pela Escola de Altos Estudos em Ciências Sociais (EHESS)/Paris.

Fernando José Rodrigues da Rocha. Doutor em Psicolinguística Cognitiva pela Universidade Católica de Louvain, Bélgica, com pós-doutorados em Filosofia nas Universidades de Kassel, Alemanha, Carnegie Mellon, EUA, Católica de Louvain, Bélgica, e Marne-la-Valle, França. Professor Associado do Departamento de Filosofia da Universidade Federal do Rio Grande do Sul.

Nestor Luiz João Beck. Doutor em Teologia pelo Concordia Seminary de Saint Louis, Missouri, EUA, com pós-doutorado em Teologia Sistemática no Instituto de História Europeia em Mainz, Alemanha. Bacharel em Direito. Licenciado em Filosofia. Bolsista da Fundação Alexander von Humboldt, Alemanha.

Roberto Hofmeister Pich. Doutor em Filosofia pela Universidade de Bonn, Alemanha. Professor do Programa de Pós-Graduação em Filosofia pela PUCRS.

H112n Haase, Ullrich.
       Nietzsche / Ullrich Haase ; tradução: Edgar da Rocha Marques. – Porto Alegre : Artmed, 2011.
       160 p. ; 23 cm.

       ISBN 978-85-363-2528-6

       1. Filosofia. 2. Nietzsche, Friedrich. I. Título.

CDU 1

Catalogação na publicação: Ana Paula M. Magnus – CRB 10/2052

nietzsche

ULLRICH HAASE
Professor de Filosofia na Manchester Metropolitan University, Inglaterra

Consultoria, tradução e supervisão desta edição:
Edgar da Rocha Marques
Professor Adjunto do Departamento de Filosofia da UERJ.
Doutor em Filosofia pela Universität Konstanz, Alemanha.

2011

Obra originalmente publicada sob o título *Starting with Nietzsche*, Ullrich Haase
ISBN 978-1-8470-6163-8

© Ullrich Haase, 2008.
Translation published by arrangement with The Continuum International Publishing Group.

Capa
Tatiana Sperhacke

Ilustração de capa
Bettmann/Corbis

Preparação do original
Lara Frichenbruder Kengeriski

Leitura final
Edna Calil

Editora Sênior – Ciências Humanas
Mônica Ballejo Canto

Projeto e editoração
Armazém Digital® Editoração Eletrônica – Roberto Vieira

Reservados todos os direitos de publicação, em língua portuguesa, à
ARTMED® EDITORA S.A.
Av. Jerônimo de Ornelas, 670 - Santana
90040-340 Porto Alegre RS
Fone (51) 3027-7000 Fax (51) 3027-7070

É proibida a duplicação ou reprodução deste volume, no todo ou em parte, sob quaisquer formas ou por quaisquer meios (eletrônico, mecânico, gravação, fotocópia, distribuição na Web e outros), sem permissão expressa da Editora.

SÃO PAULO
Av. Embaixador Macedo Soares, 10.735 - Pavilhão 5 - Cond. Espace Center
Vila Anastácio Cep 05095-035 São Paulo SP
Fone (11) 3665-1100 Fax (11) 3667-1333

SAC 0800 703-3444

IMPRESSO NO BRASIL
PRINTED IN BRAZIL
Impresso sob demanda na Meta Brasil a pedido de Grupo A Educação.

ABREVIATURAS

OBRAS DE NIETZSCHE

Originais alemães

Sämtliche Werke: Kritische Studienausgabe, 15 volumes, edited by Giorgio Colli and Mazzino Montinari, Berlin/New York: dtv/de Gruyter (1967-77) 1988; referred to in simple brackets, giving volume number/page number.

Briefe Collected letters in 8 volumes, *Kritische Studi- enausgabe,* edited by Giorgio Colli and Mazzino Montinari, Berlin/New York: DTV/de Gruyter, 1975-1984. Letters are quoted as KSA followed by the volume and page numbers.

Frühe Schriften (1854-1869), 5 volumes, edited by Hans Joachim Mette and Karl Schlechta, München: DTV 1994, referred to as BAW

Traduções em inglês

AC 'The Anti-Christ', from *Twilight of the Idols/ The Anti-Christ,* London: Penguin Books 1990, pp. 123-197.
BGE *Beyond Good and Evil,* London: Penguin Books 1990.
BT 'The Birth of Tragedy', from *The Birth of Tragedy and other Writings,* Cambridge: Cambridge University Press 1999, pp. 1-116.
EH *Ecce Homo.* London: Penguin Books 1992 .

GM	*On the Genealogy of Morality,* Cambridge: Cambridge University Press 1994.
GS	*The Gay Science,* New York: Vintage Books 1974.
HAH	*Human, All too Human,* Cambridge: Cambridge University Press 1996.
HL	*On the Advantage and Disadvantage of History for Life,* Indianapolis & Cambridge: Hackett 1980.
TI	*Twilight of the Idols,* Oxford: Oxford University Press 1998.
TL	'On Truth and Lying in a Non-Moral Sense', from *The Birth of Tragedy and other Writings,* Cambridge: Cambridge University Press 1999, pp.139-153.
WP	*The Will to Power,* New York: Random House 1973, referenced by section numbers.
Z	*Thus Spake Zarathustra,* London: Penguin Books 1969.

Outros textos citados

Decline	Oswald Spengler, *The Decline of the West,* Oxford: Oxford University Press 2007.
Discourse	Gottfried Wilhelm Leibniz, *Discourse on Metaphysics,* Chicago: Open Court 1993.
Eye	Maurice Merleau-Ponty, 'Eye and Mind', in Galen Johnson, ed., *The Merleau-Ponty Aes- thetics Reader,* Evanston, IL: Northwestern University Press 1993.
Freedom	Friedrich Wilhelm Joseph Schelling, *Philosophical Inquiries into the Nature of Human Freedom,* Chicago: Open Court 1936.
History	Ralph Waldo Emerson, *Collected Works of Ralph Waldo Emerson: Essays, First Series v.* 2, Cambridge, MA: Harvard University Press 1990.
Jacques	Denis Diderot, *Jacques the Fatalist,* Oxford: Oxford Paperbacks 1999.
Prolegomena	Immanuel Kant, *Prolegomena to any Future Metaphysics that can Qualify as a Science,* Chicago: Open Court 1994.
PoS	Georg Wilhelm Friedrich Hegel, *Phenomenology of Spirit,* Oxford: Oxford University Press 1977

SUMÁRIO

Introdução 9
    Oh, homem! Preste atenção! 10
    O que diz a meia-noite profunda? 13
    Eu dormia, eu dormia – de um sono profundo eu fui despertada 14
    O mundo é profundo e mais profundo que o mundo pensado 15
    Profunda é sua dor 19
    Desejo – mais profundo ainda que a dor no coração: a dor diz: passe! ... 20
    Mas todo prazer quer eternidade, quer eternidade profunda, profunda ... 22

1. Filosofia como amor do destino 23
    Qual é a tarefa da filosofia? 27
    O filósofo como filólogo e físico 32
    O filósofo como legislador 34
    Liberdade e destino: o corpo de Nietzsche 37

2. História como criação de si 56
    O caminho para a sabedoria: camelo, leão, criança 57
    A descoberta da história em Hegel 69
    Nietzsche *versus* Hegel 79
    Das vantagens e desvantagens da história para a vida 81
    Encontrando um estilo para filosofar 85

3. Sobre a ciência e o niilismo 90
    Niilismo: Deus está morto 90
    Do nascimento da tragédia à questão da ciência 97
    O nascimento da física 100
    O significado da "fase crítica" 107
    Boa e má ciência: a arte da genealogia 111

4. O eterno retorno do mesmo 115
   A face ontológica do *eterno retorno do mesmo* 119
   A face ética do *eterno retorno do mesmo* 127
   A experiência do *eterno retorno do mesmo* 132
   Último humano, humano mais elevado e além do homem 139
   O *eterno retorno do mesmo* como religião 145

Conclusão: a vontade de poder 150
Referências 155
Índice 157

Introdução

Oh, homem! Preste atenção!
O que diz a meia noite profunda?
"eu dormia, eu dormia –
De um sono profundo eu fui despertada: –
O mundo é profundo,
E mais profundo que o mundo pensado.
Profunda é sua dor –,
Desejo – mais profundo ainda que a dor no coração:
A dor diz: passe!
Mas todo prazer quer eternidade
Quer eternidade profunda, profunda"

O autor dessas linhas é Friedrich Nietzsche (1844-1900), e elas podem ser encontradas em três diferentes lugares naquele que o próprio Nietzsche dizia ser o mais profundo livro já legado à humanidade: *Assim falava Zaratustra*. Muitos comentários sobre a obra de Nietzsche deixam o *Zaratustra* em segundo plano, dado que se trata de uma obra muito incomum não apenas em seu conteúdo, mas também em seu estilo e, portanto, difícil de tratar. Ela constitui frequentemente o horizonte para a compreensão de outras obras de Nietzsche e é por essa razão que farei uso dessas linhas para introduzir seu pensamento filosófico. Nietzsche se refere a essas linhas como uma canção. Essa canção é chamada de *"Rundgesang"*, seu nome é "mais uma vez" e seu sentido é "em toda a eternidade". Essa é a canção dos "Homens mais Elevados", daqueles que estão tentando superar as limitações do "homem moderno".

Nietzsche, mais do que qualquer outro pensador na história da filosofia europeia, *é* a sua obra. Ele dedicou a vida desde a juventude ao desenvolvimento da sua filosofia. Com esse propósito em mente, ele renunciou a tudo que a vida oferece que pudesse interferir em sua obra, incluindo aí amor, amizade e posses terrenas. Mas, quem é Friedrich Nietzsche e como ele está ainda apto a falar a nós, considerando que fala a partir de um outro mundo, um mundo anterior às explosões de duas guerras mundiais e aos desenvolvimentos frenéticos da indústria e da tecnologia modernas, que, durante o último século, tornaram nosso mundo irreconhecível?

OH, HOMEM! PRESTE ATENÇÃO!

Se há alguma coisa pela qual Nietzsche lutou durante sua vida inteira foi pela atenção de seus contemporâneos. Embora não lutasse pela atenção a ele, Nietzsche, mais propriamente, aquilo para o qual ele gostaria de chamar a nossa atenção é a miséria da nossa época, a miséria de uma época que se crê feliz. Enquanto seus contemporâneos pareciam suficientemente convencidos de que o desenvolvimento da ciência e o avanço da tecnologia transformariam o século XX em uma época de saúde e felicidade, Nietzsche foi um dos poucos que compreendeu que todo esse entusiasmo iria resultar em guerras de uma escala que o mundo ainda não havia visto e em uma destruição nunca imaginada nos piores pesadelos do século XIX. No pensamento do século XIX, a ideia de progresso se tornou inevitável. Enquanto o Iluminismo dos séculos XVII e XVIII assentou sua esperança na ideia de uma razão universal, na igualdade de todos os seres humanos dada pelo juízo racional e, portanto, na boa vontade de todos, o positivismo das ciências naturais e o historicismo das ciências humanas no século XIX se desembaraçaram dessa exigência da concordância de todos os seres humanos, pois baseavam sua noção de progresso no fato objetivo. Em outras palavras, nem mesmo a esperança era necessária para fazer do mundo um lugar melhor.

Que a vida necessariamente se tornaria melhor também tinha a ver com o fato de que as coisas não estavam assim tão boas no século XIX. O entusiasmo da Revolução Francesa, que originou as guerras napoleônicas, não atingiu o que ela pretendia. Em vez de liberar a humanidade europeia da exploração e da escravidão, o começo da Revolução Industrial conduziu a sofrimento em uma escala nunca antes conhecida. Mas, enquanto o idealismo do começo do século XIX não parecia trazer os frutos que prometera, apareceu um materialismo que parecia haver rompido mais drasticamente com o passado cristão. Na filosofia de Karl Marx e no positivismo do século XIX, o sentimento prevalecente era o de que onde a Revolução Francesa havia fracassado o progresso científico triunfaria. Em vez disso, essa época foi sucedida não apenas por duas guerras mundiais, mas ainda pela Guerra Fria, isto é, a determinação da paz como guerra por outros meios, como guerra cultural ou científica, como guerra tecnológica e eletrônica, como mobilização total de estados nacionais que se esforçam para recrutar cada indivíduo para sua força de trabalho para vencer a guerra econômica total, ainda que algumas vezes sob o estandarte da cooperação global. Essa época conduziu ao Holocausto, à produção industrializada da morte, cuja significação, de acordo com o filósofo alemão Theodor

Adorno, é uma injunção contra a poesia. A poesia parece pintar o mundo com cores idealistas, enquanto após Auschwitz tais cores poderiam no máximo zombar do desolado estado do mundo humano.

Estamos, então, hoje, de acordo com Nietzsche em relação ao problema que ele chama de Niilismo Europeu? Não. De alguma maneira retornamos ao espírito do final do século XIX, tendo adicionado a ideia de prosperidade a ele. Quer dizer, frequentemente pensamos que descobrimos o remédio para os males do passado, um remédio por meio do qual a sociedade europeia será liberada para a prosperidade, saúde e independência da natureza. E, novamente, está presente a ideia de que as ciências racionais nos libertarão. Com frequência, tendemos a atribuir os males do mundo a algo que chamamos vagamente de "irracional" e depositamos todas as nossas esperanças nas ciências "duras", pertençam elas ou não às instalações biotécnicas econômicas de nossa época. Sentimento religioso, julgamento humano, convicções morais, intuição subjetiva, criação artística – tudo isso se encontra no lado do erro, de tal modo que frequentemente tendemos a concordar que apenas critérios "objetivos" podem ser justos em qualquer questão que esteja em jogo.

Nietzsche não estaria surpreso acerca de nada disso. Ele frequentemente chamava a si mesmo de filósofo dos dois séculos seguintes, pois sabia que a história não se altera tão facilmente, especialmente não se todos parecem felizes com o modo como as coisas estão indo. Algumas vezes, Nietzsche pode ter se sentido como o único passageiro do Titanic que sabia que alguma coisa adversa estava para acontecer e que poderia ter salvado o navio se ao menos conseguisse fazer com que as pessoas o ouvissem. Uma imagem semelhante é dada em um fragmento de *A gaia ciência* no qual o "louco", isto é, alguém que não pertence à multidão, corre até a praça do mercado para alertar a todos das sublevações perturbadoras do mundo que acompanhariam a *morte de Deus*. Mas tendo gritado "Deus está morto" as pessoas riem dele e o vilipendiam. A *morte de Deus*, como Nietzsche o mostra, não é "apenas" o desaparecimento de uma "coisa" dentre outras coisas, de tal modo que essas últimas poderiam ainda estar intactas. Ela é também a perda da nossa fé no poder efetivo de pensar, de tal maneira que as pessoas na praça do mercado "acreditam" que tudo aquilo que perderam é uma "crença", o que significa que não perderam simplesmente nada.

Estar atento aos desafios do nosso tempo é, então, dificultado pela nossa ausência de consciência do problema. Nietzsche responde a isso através da ideia do filósofo não como um profeta, que pode ver coisas que os outros não podem, mas como um médico, que vê o diagnóstico e, então, a aceitação de uma doença como o primeiro passo a caminho da cura. O niilismo Europeu, essa doença da qual, de acordo com Nietzsche, nós sofremos, é, então, alguma coisa que primeiramente teríamos de aceitar como a realidade de nossa época. Como Nietzsche diz, ele é certamente um dos grandes niilistas do século XIX, mas seu objetivo é derrotar esse niilismo para retornar a "alguma-coisa" [*some-*

-*thing*]. Essa esperança de um retorno – do qual o próprio Nietzsche não iria se beneficiar, dado que ele dizia que teriam de passar pelo menos 200 anos para que seu pensamento pudesse ter algum efeito – essa esperança e significado da terra Nietzsche chama de *Übermensch*, algumas vezes traduzido por *Super-homem*, embora signifique literalmente *além do homem*.

Mas durante sua vida Nietzsche nunca foi muito bem-sucedido em se tornar famoso. Enquanto seu primeiro livro, *O nascimento da tragédia a partir do espírito da música*, foi lido amplamente, ao menos nos círculos acadêmicos, com umas poucas centenas de cópias vendidas, enquanto a quarta de suas meditações extemporâneas, *Wagner em Bayreuth*, foi ao menos lida amplamente no círculo das sociedades wagnerianas, a maior parte das outras obras foi praticamente ignorada. A quarta parte do *Zaratustra* foi impressa somente para circulação privada, enquanto muitos outros livros – *Além do bem e do mal*, *A genealogia da moral*, *O caso Wagner*, *O crepúsculo dos ídolos* e *O anticristo* – foram publicados à custa do próprio Nietzsche. E ele sofreu a partir da década de 1880 com a ignorância da sua obra e com a sua intolerável solidão. A analogia com o médico pode ajudar novamente. Aqui a aceitação de que se está doente é condição para que haja alguma chance de cura e, portanto, não há tempo a perder. O pensamento de Nietzsche – isto é, a doutrina do *Eterno retorno do mesmo*, do *além do homem* ou da *Vontade de poder* – é concebida para tornar essa compreensão possível, para produzir uma crise na existência da humanidade. Nietzsche chama a si mesmo de destino, de dinamite, de aquele que dividirá em duas a história da Europa.

Nietzsche passou a década de 1880 trabalhando muito. Havia sido uma criança muito séria, que tentou persuadir outras crianças a abandonar seus brinquedos em prol do discurso literário e posteriormente tentou persuadir seus colegas estudantes a esquecer a cerveja e a se engajar no discurso acadêmico. No começo da década de 1880, renunciou ao cargo de professor da Universidade da Basileia, na Suíça, para dedicar o restante de sua vida à sua obra. Possuindo uma saúde frágil, passou os últimos anos da década de 1880 viajando de um lado para outro entre Nice, na Côte d'Azur, onde ele passava seus invernos, e o Oberengandin, o mais alto planalto da Europa, no sudeste da Suíça, principalmente para manter a temperatura e umidade estáveis ao longo do ano. O *Senhor Nietzsche* é sua obra: ele é essa dinamite e nada mais. Não há uma tal separação entre "o homem" e "o pensador", ainda que as várias máscaras que o autor usa em seus livros pareçam exigir do leitor que ele descubra o verdadeiro Nietzsche sob a superfície. Sendo sua obra, Nietzsche vem a depender cada vez mais disso.

> "Eu vivo à minha própria custa; é, talvez, um mero preconceito que eu vivo?... Eu só preciso falar com uma das pessoas cultas que vêm para Oberengadin no verão para me convencer de que eu não vivo... Sob essas

condições há um dever (...) a saber, dizer: *Ouçam-me! Eu sou aquele e aquele. Acima de tudo, não me confundam com ninguém*! (EH 3)

No final da década de 1880, Nietzsche foi perdendo cada vez mais sua paciência. Alguma coisa tinha de ser feita para resolver os problemas da Europa. Na medida em que esses problemas residiam no nível político, com várias nações ponderando entrar em guerra umas com as outras, Nietzsche foi o primeiro europeu convicto. Quando ele fala de Napoleão sendo responsável pelas únicas razões recentes para se ter alguma esperança, ele se refere à pretensão deste de unificar a Europa, colocando com isso um fim aos interesses nacionais particulares e à história das monarquias dividindo a Europa de acordo com seus interesses privados. Racismo e nacionalismo são, argumenta Nietzsche, concepções ultrapassadas que ignoram a realidade da herança europeia comum. Algo devia ser feito e, com o começo do seu colapso nervoso, Nietzsche escreveu cartas aos imperadores da Alemanha, da Itália e a Bismarck, o "Chanceler de Ferro" da Alemanha. Ele tentou persuadi-los a comparecer a uma reunião de cúpula sobre o futuro da Europa. Ao mesmo tempo, ele escreveu a amigos, revelando seu plano de atrair esses três a uma reunião onde ele poderia, como se eles fossem os principais baluartes contra a unidade europeia, atirar neles. Essas notas pertencem ao conjunto frequentemente referido como "notas da loucura", e contudo, independentemente de quão loucas elas possam ser, são também inexoravelmente lógicas.

O QUE DIZ A MEIA-NOITE PROFUNDA?

Não estamos aqui, então, para prestar atenção às opiniões privadas de Nietzsche, mas sim àquelas questões às quais ele dedicou a vida. Essas podem ser resumidas na questão: "O que resta do mundo humano após a *morte de Deus*?" "Deus": esse era o nome da luz natural da razão que permite uma compreensão do mundo. Já ouvimos acerca do Iluminismo, que se expande do famoso filósofo francês René Descartes ao pensador alemão Immanuel Kant. Esse Iluminismo era profundamente cristão. Ele prometia uma dominação progressiva do mundo precisamente através do dom divino da razão. Esse foi, portanto, também o tempo da concepção e nascimento das ciências naturais. A promessa desse Iluminismo depende, então, da universalidade e indubitabilidade das leis da razão e de sua estrutura matemática. Para que isso seja possível, Descartes já havia argumentado que mente e corpo são duas diferentes substâncias. A mente ou alma é a sede da liberdade e do entendimento, sede de uma luz dirigida ao mundo. O corpo, por outro lado, é caracterizado por sua natureza causal, mecânica. Consequentemente, o Iluminismo elabora sua promessa de progresso através da ideia de que a mente racional deve controlar as emoções irracionais. A luz deve banir as sombras. Por que deveríamos escutar a voz da "meia-noite profunda"?

Nietzsche é com frequência considerado o precursor da psicanálise, na medida em que a voz da meia-noite parece se referir a algo como o inconsciente e foi adotado especialmente nos movimentos artísticos do começo do século XX. Mas Nietzsche tem mais em mente aqui. O Iluminismo achatou nossa compreensão do mundo aos meros fenômenos de superfície. Em vez de ser capaz de compreender a totalidade do mundo, ele reduz o mundo àquilo que podemos compreender. Como Nietzsche disse uma vez, ele prefere uns poucos fatos insípidos a um vagão carregado de belas possibilidades. É por isso que o Iluminismo pode ser tão cego à condição moderna. Ele ignora, então, as duas principais realidades do mundo humano: a saber, o corpo e a história, ambos não podendo ser reduzidos à presença de fatos. "Eu sei o que é sombra e o que é luz, o que é corpo e o que é alma – você não é muito brilhante nisso" (8/401), diz Nietzsche, afirmando com isso que não compreendemos até agora a noção mesma de compreensão.

EU DORMIA, EU DORMIA – DE UM SONO PROFUNDO EU FUI DESPERTADA

Nietzsche compreende a história europeia – isto é, a história da filosofia terminando na formulação da ciência natural moderna – como um sonho. Fazer isso é o movimento geral do ceticismo, perguntando de qual conhecimento podemos estar seguros de que realmente se refira a um mundo independente de nossa mente. E, contudo, Nietzsche não é um idealista que afirmaria que, finalmente, toda verdade que é relevante para nós é somente uma função da mente. Ele chama isso, mais propriamente, de sonho, pois um sonho é uma produção de imagens que são apenas relacionadas ao real de uma forma mediata. Mas, à medida que a filosofia compreendeu a ideia de pensar a si mesma através de sua separação do mundo das aparências, Nietzsche pôde dizer que a totalidade da metafísica, da filosofia desde Platão tem sido um sonho. Isso não significa que tudo tenha sido errado, tanto quanto toda criação histórica é uma criação artística e, portanto, uma falsa aparência, quer dizer, uma ilusão. O problema é a filosofia de hoje ser um sonho no qual ninguém pode ainda continuar acreditando, um sonho que nos força a despertar. E esse despertar assume a forma de uma confrontação com o niilismo.

Mas os cientistas modernos não afirmam que a ciência igualmente diz respeito a um despertar dos sonhos idealistas da teologia? Um despertar que mostra os erros do mundo verdadeiro e nos leva ao mundo nu do fato científico? Um despertar que nos leva, contra a nossa vontade, do sonho de sermos filhos e filhas de Deus à realidade de não sermos nada além de filhos e filhas de macacos? E, como tais filhos e filhas, todas as ideias de liberdade e auto-determinação política não são nada além de doces sonhos? Deus está morto e, consequentemente, estamos aqui para abolir o "mundo verdadeiro", isto é, o mundo que existe em um sentido verdadeiro, à medida que nele nada muda nunca, aquele mundo que garantia que nós mesmos poderíamos transcender a vida de animais. Que mundo resta? O mundo das ciências naturais. Um mundo do fato puro, sem alívio, sem consolo. Um mundo no qual existe o orgulho porque o mundo pode ser conhecido e, contudo, esse mundo conhecido é um mundo no qual nada tem importância, pois é um mundo sem sentido. Mas esse mundo é conhecido da perspectiva de uma consciência objetiva, neutra; é conhecido por um conhecimento que não faz parte dele. Mas isso significa dizer, com Nietzsche, que esse mundo é um sonho, que "juntamente com o mundo verdadeiro nós abolimos também o mundo aparente". A filosofia de Nietzsche da suspeita não está, então, primariamente voltada contra a fé cristã em oposição à racionalidade das ciências, mas contra essa ideia de racionalidade como tal.

> Meus escritos foram chamados de uma escola da desconfiança, mais ainda, do desprezo, com sorte também da coragem e da audácia. De fato, eu realmente não acredito que alguém tenha alguma vez olhado para o mundo com um grau igualmente profundo de desconfiança, e não apenas ocasionalmente como advogado do diabo, mas sim, para falar teleologicamente, como inimigo e desafiante de Deus. (HAH 5)

Mas, como foi possível esquecer o mundo do corpo e da história? Como foi possível fazer da filosofia um pensamento abstrato do que é visível, do fato puro? Porque tendemos a não notar o que se encontra mais próximo de nós. Por milhares de anos filósofos colocaram questões acerca da realidade da verdade, acerca do ser de Deus, acerca da liberdade e da imortalidade, enquanto o que é mais próximo deles, a vida cotidiana do ser humano, parecia ter desaparecido. Esquecemos, assim, da noite da qual todo dia depende, privilegiamos a memória em detrimento do esquecimento. "O que todos sabem está esquecido por todos, e se não houvesse noite, ninguém seria capaz de saber o que é a luz!" (10/415).

O MUNDO É PROFUNDO E MAIS PROFUNDO QUE O MUNDO PENSADO

O dia do entendimento, então, apenas arranha a superfície da realidade. O que se chama de verdade é apenas um fenômeno de superfície, um sonho da alma pretendendo ser toda a realidade. Mas, com a *Morte de Deus*, nós não temos mais direito à alma. O que encontramos em seu lugar, o corpo, nos leva a um mundo histórico muito mais profundo do que a luz do dia da razão pode fantasiar. Aqui o orgulho do entendimento é humilde, e muitas questões se apresentam apenas em forma de enigma. Algumas vezes Nietzsche salienta esses pontos, ridicularizando o mundo objetivo e superficial do Iluminismo. "Nós desdenhamos de tudo o que pode ser explicado. Alguma estupidez surpreendeu a si mesma e se encontra agora nua diante daquele que a explica" (10/415).

É essa descoberta da profundidade do mundo-da-vida que é tão excitante na leitura do texto de Nietzsche. A leitura de Nietzsche deveria, para começar, ser uma experiência excitante, ainda que frequentemente seja acompanhada de desafios, alguns deles desagradáveis, às convicções e crenças gerais que se tem. O estilo de Nietzsche é convincente, sua prosa é brilhante, sua argumentação é clara e parece imediatamente acessível. Em lugar de um argumento complicado tentando estabelecer se nove ou doze categorias governam o uso do entendimento humano, Nietzsche filosofa, como ele mesmo o diz, com um martelo. O leitor é presenteado com uma riqueza de ideias, com percepções penetrantes da parte de um intelecto afiado, que combina *insights* metafísicos e psicológicos com reflexões acerca da história essencial da arte, moralidade e cultura da humanidade europeia da época de Heráclito e Platão até os nossos dias. E esses *insights* estão acoplados a uma riqueza de novas concepções, que exercem uma fascinação precisamente porque elas são igualmente sugestivas: quando Nietzsche fala do *eterno retorno do mesmo*, do *além do homem* ou da *vontade de poder*, da *morte de deus* ou do *niilismo europeu*, cada um desses temas tem um efeito imediato sobre nossa experiência do mundo tal como ele se apresenta a nós no século XXI.

Então, inicialmente a maior parte dos leitores de Nietzsche se sente muito confiante de que adquiriu uma boa compreensão dos pensamentos apresentados apenas pela leitura dos livros. De que ajuda alguém necessitaria em face de um texto tão imediatamente claro, um texto que não parece oprimido nem por uma terminologia complexa, como, por exemplo, a *Crítica da razão pura*, de Kant, nem as torções e revoluções da concreção sistemática de pensamento exibida, por exemplo, pela *Fenomenologia do espírito*, de Hegel? Quando lidamos com um desses dois livros é claro que necessitamos de um professor para sermos capazes de compreender a motivação global, sem falar de cada argumento particular, enquanto a obra de Nietzsche apresenta a si mesma como eminentemente legível.

E, contudo, se esse é realmente o caso, isso não significaria, além de que não se necessita de nenhuma ajuda para compreender Nietzsche, que não aprenderíamos muito de Nietzsche também, e que tudo que seu texto seria capaz de fazer é confirmar nossos preconceitos mais íntimos? Efetivamente, há muitos leitores de Nietzsche que colecionam todas aquelas frases que confirmam suas próprias pré-concepções e que, subsequentemente, descartam todas aquelas que não o fazem. Agindo assim, suas mãos ficam tão vazias quanto estavam antes da leitura de Nietzsche.

Talvez uma das principais razões para essa insuportável leveza de interpretação esteja baseado em se tomar erroneamente a estrutura assistemática da obra de Nietzsche por uma lassitude do argumento ele mesmo. Tem sido frequentemente sustentado que Nietzsche argumenta que não há nenhuma verdade e que, portanto, toda interpretação é permitida. Chegou mesmo a ser sugerido que, sendo assistemática, a obra de Nietzsche poderia significar qualquer coisa para cada um. Filósofos analíticos frequentemente afirmam que falta rigor e clareza argumentativa no que eles chamam de "filosofia continental". E, contudo, o pensamento de Nietzsche segue uma argumentação muito mais rigorosa do que aquela construída em adesão às regras da lógica formal. Ele é construído sobre o método filológico e, finalmente, sobre aquilo a que Nietzsche se refere como "nossa honestidade". Em vez de "aplicar" regras estabelecidas de pensamento ao mundo, na esperança de que elas encontrarão alguma coisa lá, Nietzsche compreende a filosofia como a "vida voluntária no gelo e nas altas montanhas – a procura de tudo aquilo na existência que é estranho e que vale a pena ser questionado" (6/158).

A aparente facilidade de leitura das obras de Nietzsche é parcialmente responsável pelo fato de que ele é, sem dúvida, o pensador mais amplamente lido desde o começo da história da filosofia no século IV a.C., Nietzsche é lido não apenas por filósofos acadêmicos, mas também por acadêmicos de muitas áreas distintas. E ele não lido apenas por acadêmicos, mas também por pessoas de todas as esferas da vida. Suas obras são usadas de uma ampla variedade de modos, de coletâneas de citações para empresários a reflexões críticas da parte de adolescentes em revolta. Ele tem sido usado tanto por intérpretes de esquerda da geração da revolta estudantil de 1968 quanto pelos nazistas, que tentaram colocá-lo como sua estrela-guia. Em resposta a esse último uso, o filósofo alemão Martin Heidegger deu cursos sobre Nietzsche de 1936 a 1942, o que tem sido chamado de a única resistência intelectual ao regime nazista no interior da Alemanha. Nietzsche é visto como o destruidor da fé cristã, enquanto ao mesmo tempo prove inspiração à teologia protestante contemporânea.

Obviamente, esse interesse não repousa meramente sobre o fato de que a linguagem de Nietzsche é acessível e persuasiva. Ele parece antes "atingir um nervo"; parece dizer algo que apela à nossa necessidade de compreendermos a nós mesmos e ao mundo no qual vivemos. Falando ao mesmo tempo em um registro contemporâneo e com uma visão para os começos da filosofia europeia na Grécia antiga, Nietzsche é capaz de falar a nós da perspectiva de nossa essência histórica. E ele possui uma habilidade de falar a nós de um modo que pode, dependendo de nossa capacidade para ouvir, ter um efeito libertador. Considere o testemunho de Michel Foucault, influente pensador francês do século XX:

> Nietzsche foi uma revelação para mim. Eu senti que era alguma coisa muito diferente de tudo o que eu havia aprendido. Eu o li com uma grande paixão e rompi com a minha vida, deixei um emprego no asilo, saí da França: eu tinha o sentimento de que havia sido enganado. Através de Nietzsche eu me tornei estrangeiro àquilo tudo.

Nem todo leitor de Nietzsche experimentou um tal efeito e nem todo mundo compartilha a mesma interpretação de suas obras. Ao contrário, muitos leitores, convidados à sua obra pela sua estrutura aberta e pelo estilo, se perdem no vasto alcance de sua obra, que muitas vezes se recusa a dar uma mãozinha a seus leitores. Quer dizer, não há nenhuma obra de Nietzsche que se poderia compreender como fornecendo a fundação de sistema que se pudesse compreender progressivamente. Igualmente, suas obras não são estruturadas de acordo com os vários tópicos que se poderia querer compreender dentro dos limites da filosofia. Então, se se quer saber acerca das ideias de Nietzsche sobre arte ou política, sobre história, moralidade ou religião, não há indicações apropriadas para guiar o leitor através de suas obras.

Ainda pior, textos individuais frequentemente parecem contraditórios ao ponto de o leitor perder qualquer noção daquilo em que Nietzsche pode ter acreditado ou não. Na mesma obra, e separada apenas por umas poucas páginas, o leitor pode encontrar sentenças como "não há uma coisa tal como a vontade" e "tudo é vontade contra vontade". Se o leitor finalmente consegue progredir através de *Assim falava Zaratustra*, ele é confrontado com um texto que não revela seus segredos sem luta. Não há quase nenhuma sentença direta e nem é mesmo claro de que tipo de livro se tem nas mãos. Um romance? Um livro de filosofia? Ou nenhum dos dois? E se é um livro de filosofia, por que Nietzsche nunca fala simplesmente sua opinião?

Então, por que Nietzsche se recusa a guiar o leitor por meio de seus textos? Como veremos, a noção de pensamento filosófico assim como a da compreensão humana geralmente impede Nietzsche de facilitar o entendimento. A tarefa do filósofo é mover seus leitores, mas para haver tal movimento é necessário que haja resistência. Como Nietzsche disse uma vez acerca do *Zaratustra*, qualquer um que não se sinta ultrajado por cada sentença não as compreendeu realmente. Isso não é porque Nietzsche queira nos chocar. Em oposição às primeiras impressões, Nietzsche é antes um pensador "extemporâneo". Suas verdades vão de uma maneira tão dura contra o cerne do homem moderno, contra nossas crenças iluministas que qualquer um que se sinta meramente confirmado pelos escritos de Nietzsche não os pode ter compreendido. É semelhante à imagem que Platão dá na alegoria da caverna, o mito fundador de toda a filosofia: à medida que a libertação filosófica tem de nos forçar a cortar as correntes do hábito, ela tem de doer.

O caráter aberto inicial da obra de Nietzsche se mostra logo, então, como uma isca. Nietzsche fala de si mesmo como um pescador que lança sua rede para capturar alguns leitores. Esses adentram em seus textos sem muita dificuldade, mas para que haja algum efeito essencial dessas obras, esses leitores têm de batalhar para escapar novamente. Eles podem escapar ou reduzindo o texto a crenças indiferentes, que eles podem compartilhar ou não, ou eles irão deixá-lo tendo sido modificados essencialmente, de tal forma que eles não possam ser capturados de novo em tais redes.

Nesta introdução, não reivindico ser capaz de apresentar um mapa ou mesmo um piloto automático que conduza o leitor aos textos de Nietzsche sem a perda de conforto. Em vez disso, tudo que tentarei fazer é dar alguma indicação de como se poderia começar com Nietzsche. Tal como a moderna teoria da interpretação nos diz, tudo depende dos preconceitos que trazemos para um trabalho. Esses preconceitos podem ser parcialmente negados ou afirmados no processo de leitura. Então, por exemplo, começar a leitura do texto de Nietzsche tendo ouvido antes que a Alemanha Nazista tentou instalar Nietzsche como sua estrela-guia influenciará a compreensão que se ganha relativa à ideia do além do homem.

Nesse sentido, tudo depende de como se começa com a leitura de Nietzsche. Mas, muito mais importante do que ser influenciado, positiva ou negativamente, em relação a certas ideias proeminentes na obra de Nietzsche, o que é ainda mais decisivo é que se deveria ser cuidadoso acerca da ideia de filosofia que se pressupõe quando se pega um texto. O que é filosofia? O que um filósofo tenta fazer quando escreve um texto? O que se pode esperar da filosofia? Essas são questões para as quais frequentemente temos uma resposta implícita, e essa resposta, independentemente de quão irrefletida possa ser, forma as fundações da nossa compreensão da obra que lemos.

PROFUNDA É SUA DOR

Já nos deparamos com a ideia da história da Europa como sendo a história do niilismo. Mas não é porque Nietzsche veja aqui, por exemplo, uma falha no pensamento de Platão. O primeiro livro de Nietzsche, *O nascimento da tragédia a partir do espírito da música*, como ele próprio diz acerca desse livro, antes de tudo, colocou o problema das ciências modernas em perspectiva. Lendo acerca da transição da "visão trágica do mundo" da Grécia clássica aos começos da filosofia, poderia igualmente se chamar esse livro de *O nascimento da filosofia a partir do espírito da tragédia*. Nietzsche descreve a época trágica dos gregos como um pessimismo vigoroso. Essa expressão encapsula a ideia de que, aceitando as limitações da vida e seus sofrimentos, os gregos poderiam ter afirmado qualquer mundo, e não apenas o melhor de todos os mundos possíveis.

Com a interpretação platônico-cristã da vida, por outro lado, o sofrimento se tornou cada vez mais um argumento contra a vida. A própria vida passou a ser vista progressivamente como uma doença que não poderia ser curada senão pela morte. Afirmar a vida somente era possível a partir da perspectiva do seu fim. A morte se torna a grande libertadora, a única e grandiosa esperança de uma liberação do sofrimento. É daí que o Cristianismo se tornou a religião da piedade. Consequentemente, Nietzsche argumenta que o Cristianismo pavimenta o caminho para uma "moral dos escravos", quer dizer, para uma interpretação da existência humana a partir da perspectiva daqueles que sofrem a vida e sofrem pela vida. A vida, então, vem a ser interpretada a partir do ponto de vista de seu oposto, isto é, da não perspectiva de uma razão universal. Supõe-se que isso deve nos curar do sofrimento. Mas "nosso intelecto não foi feito para a concepção do vir a ser" (9/500) e o que ele considera ser um remédio acaba se revelando o maior veneno jamais inventado.

DESEJO – MAIS PROFUNDO AINDA QUE A DOR NO CORAÇÃO; A DOR DIZ: PASSE!

Qual é, então, a tarefa da filosofia? Para Nietzsche, o valor do pensamento, de fato, o valor de qualquer coisa, é, em última análise, ser reconduzido à perspectiva de vida. "Isso promove ou enfraquece a vida?" é a questão a ser posta a todo pensamento e ação humanos. Como veremos, essa não é uma abordagem superficial da filosofia, nem aponta para uma felicidade ingênua como o propósito de todos os seres humanos. Ao contrário, ela necessita de uma compreensão dos lados mais contraditórios e torturados da emoção e da ação humanas para compreender seus vários esforços. Olhando para tudo o que o ser humano europeu fez nos últimos 2.500 anos, de guerras à criação artística, de impérios e sua organização à construção de universidades e o desenvolvimento das modernas ciências matemáticas; qualquer que ela possa ser, essa questão é, em última instância, uma questão do valor dessas coisas para a vida. Essa "filosofia da vida" caracteriza o pensamento de Nietzsche desde o princípio e é por essa razão que ele cita o poeta alemão Hölderlin, que disse que "ele, que havia admirado as coisas mais profundas, amava aquilo que era mais vivo" (7/711). É aqui que um tópico aparece que conduziu a muita incompreensão. Como Nietzsche diz, o filósofo do futuro deve ser um advogado do sofrimento. Entretanto, isso não significa dizer que nós deveríamos procurar pelo sofrimento ou mesmo aumentá-lo, mas sim que devemos nos contrapor à desvalorização da vida na abordagem do Cristianismo, para o qual, como Nietzsche o diz, o sofrimento conta como um argumento contra a vida.

Contra o niilismo da modernidade, contra essa vida que sofre com a vida, não há bons argumentos. Há somente a esperança de ser capaz de destruir seus valores e revalorá-los. Como Nietzsche pertence a este mundo, a destruição não pode ser feita desde fora: o niilismo somente pode ser destruído, então, por um niilismo ainda mais radical. O problema para um tal empreendimento filosófico é algo que Nietzsche já havia compreendido como adolescente, quando escreveu um ensaio intitulado "Destino e História", no qual ele escreve: "Eu tentei negar tudo, oh, destruir é fácil, mas construir! E mesmo destruir parece ser mais fácil do que realmente é" (2/55). Que destruir parece mais fácil do que realmente é, é uma verdade que assombrou Nietzsche desde o momento em que ele escreveu essas palavras. Que construir é ainda mais difícil é algo que finalmente o levou a um colapso nervoso. A partir de 1884, Nietzsche tenta escrever sua obra magna, uma obra positiva de filosofia, revalorando todos os valores que informavam a vida cristã. Há muitos planos e milhares de páginas de notas delineando as várias ideias concernentes a essa obra. Em alguns planos aparece o título "O anticristo" como uma introdução, um último uso do martelo no filosofar, como uma grande abertura para a filosofia que está por vir. Finalmente, é apenas essa introdução que irá aparecer, sendo escrita no último ano de sua existência autoconsciente, quer dizer, em 1888.

Encontrar aquela alegria mais profunda do que a agonia do coração, alegria que poderia expressar a si mesma no pensamento filosófico é algo que Nietzsche nunca atingiu completamente, mas do que chegou mais próximo no desenvolvimento do não mais filósofo Zaratustra. E, contudo, Nietzsche nunca pensou ingenuamente que o propósito de sua vida poderia se recriar espontaneamente. Nem mesmo Zaratustra é um *além do homem*, mas sim ele é aquele que afirma ser o mestre do *eterno retorno do mesmo* e do *além do homem*, o que significa que ele pode afirmar a vida como o "antecessor" daquele que poderia um dia redimir a existência. Mas, é a existência realmente tão ruim? Nós realmente sofremos tanto? Em relação a Nietzsche, temos de ter em mente que ele está falando de um "sofrimento essencial". Ainda que possamos estar bem alimentados ou mesmo ricos, contentes com nossas vidas e nossa existência social, isso não nos traz satisfação. Essas condições caracterizam a ausência de certas dores, mas não a satisfação humana. A análise da *vontade de poder* mostra para Nietzsche que toda vontade é essencialmente uma vontade para além de si mesma, uma vontade de autossuperação. Enquanto Freud escreveu mais tarde que o ser humano é um campo de batalha da luta entre Eros e Tanatos, entre amor e o "desejo de morte", para Nietzsche a *vontade de poder* mostra a si mesma como sendo dois em um, indistinguivelmente Dionísio. E, entretanto, não podemos mais projetar nossa vontade para o futuro, somos incapazes de valorar alguma coisa que não é presente: "o mundo é tudo o que é o caso", como o disse um outro filósofo do século XX, Wittgenstein. O pensamento do *eterno retorno do mesmo* deve, então, levar essa crise a um ponto decisivo, revelá-la em toda a sua realidade. Essa crise, essa decisão é aquela entre o homem e o *além do homem*.

Nietzsche vê seu próprio pensamento no interior de um momento de crise na existência do ser humano. Ele compreende seu pensamento como uma doutrina, isto é, um ensinamento que move o leitor daqui para lá, da doença para a saúde. Igualmente, então, a leitura de uma tal filosofia deveria ser uma transição. Quando Nietzsche finalmente encontrou um leitor da sua obra no filósofo dinamarquês Georg Brandes, escreveu para Brandes: "Não foi nenhum grande feito me encontrar, considerando que você já havia me descoberto; o difícil agora é se livrar de mim."

MAS TODO PRAZER QUER ETERNIDADE, QUER ETERNIDADE PROFUNDA, PROFUNDA

Alegria é a expressão da vontade em sua afirmação mais elevada, e é essa alegria que cresce para além da agonia do coração – isto é, acima de um sofrimento passivo da vida. Mas, de alguma maneira a vontade pode afirmar a si mesma apenas na autossuperação e é por essa razão que ela sempre desejou a eternidade. Desde Platão, a vida humana é possível na medida em que o ser humano tenta reclamar para si os prazeres dos deuses, isto é, a possibilidade da imortalidade. Mas, desde que Deus está morto, parece que essa esperança de justificar a existência olhando para os deuses finalmente nos abandonou. A vida humana é aquela vida que não pode viver sem verdade; toda verdade aparece como uma aspiração ao absoluto. A ideia de uma eternidade, transcendendo a natureza efêmera do presente, então, parece ser necessária à vida humana. E, contudo, o infinito também ameaça o que é afirmado por essa ideia. E se a vida tem de ser afirmada por algo além da vida e não há mais nada além? Uma afirmação que alcança para além de si mesmo poderia se chamar de um desejo por esse além. Esse desejo Nietzsche chama de compreender o *além do homem* como o sentido desta terra. Uma tal compreensão pode ser atingida somente em uma consideração da doutrina do *eterno retorno do mesmo*. "Você compreende meu desejo, meu desejo pelo finito? O desejo por aquele que viu o anel da recorrência?" (11/226)

Durante o outono e o inverno de 1888, Nietzsche se muda para Turim. Tudo está perfeito e belo. Ele escreve obsessivamente, envia cartas cheias de elogios a Turim, a seus habitantes, acerca dos preços e das belezas, acerca de sua saúde abundante. Ele está convencido de que nunca havia sido tão forte e saudável como nesse momento. Ele está convencido de que seus melhores anos ainda estão por vir. No terceiro dia de janeiro de 1889, Nietzsche testemunha um homem batendo em seu cavalo. Movido por piedade, ele vai em socorro do cavalo, o abraça e prova, com sua consequente loucura, que a piedade é um vício. Os últimos 11 anos de sua vida, ele os passa em várias instituições, cuidado primeiramente por sua mãe e depois por sua irmã. Na maior parte de seus dias despertos, ele toca piano.

1
FILOSOFIA COMO AMOR DO DESTINO

> Seus educadores não podem ser nada além de seus libertadores. E esse é o segredo de toda educação (...) ela é uma libertação, um retirar todas as ervas daninhas, detritos e vermes que ameaçam saborear as tenras sementes das plantas; ela é emanação de luz e calor, queda amorosa de chuva à noite, ela é emulação e adoração da natureza. (1/341)

O que é a filosofia? Podemos simplesmente presumir que a tarefa da filosofia é representar o verdadeiro estado de coisas do mundo por meio de juízos afirmativos, positivos. Eles são positivos à medida que se diz o que uma coisa é, em vez de se dizer o que uma coisa não é, e eles são afirmativos dado que silenciosamente se acrescenta que se acredita em sua verdade. Assim, quando alguém diz, por exemplo, "[eu creio que] a água ferve a 100º Celsius", está dizendo com isso algo de verdadeiro acerca da água. Embora estender uma tal concepção a todas as várias questões da filosofia, quer elas sejam de natureza moral, investiguem a natureza do conhecimento ou afirmem a existência de Deus, pareça mais difícil, ainda deve ser tomado com frequência como o objetivo das investigações filosóficas. Estas são, então, dirigidas ao estabelecimento de verdades indubitáveis, isto é, verdades acerca das quais ninguém discordaria. Em outras palavras, frequentemente se pensa que a ideia da filosofia é "compreender corretamente", de tal maneira que o valor de uma filosofia seria determinado por quanto ele consegue "compreender corretamente".

Mas essa superficialmente plausível ideia de filosofia é, no fim das contas, dotada de sentido? O que levaria alguém à filosofia se ela não fosse nada além de "compreender corretamente"? No que diz respeito a uma tal ideia de filosofia, o filósofo não atingiria nada além da construção de um edifício de ideias que seria, então, testado pelo grau em que ele espelha a realidade. Embora a ideia de um tal edifício seja a de que ele nos permitiria compreender o mundo melhor, ela possui duas deficiências essenciais: a primeira é que esse edifício seria completamente indiferente ao mundo no qual vivemos, não possuindo, então, nenhuma influência sobre as nossas ações. A segunda deficiência é que para testar a veracidade de um tal sistema de ideias temos de pressupor que a realidade já esteja dada a nós de uma maneira clara e distinta, o que significa pressupor que o sentido da realidade está dado em pura presença a nós; quer dizer, pressupõe que o mundo é a soma total de todos os fatos. Uma tal concepção de filosofia pensa a verdade em um sentido anistórico, atemporal. As ideias pensadas para representar o mundo são elas mesmas compreendidas como entidades imutáveis, lógicas. Elas são condenadas a existir independentemente do mundo e se considera que elas não são afetadas pelo modo como o mundo se altera. Em outras palavras, elas são ideias metafísicas à medida que transcendem o nível da mudança histórica que caracteriza o próprio mundo.

Nietzsche afirma que toda filosofia feita até aquele momento era platônica, no sentido de separar o mundo do vir a ser, isto é, o mundo no qual vivemos com todas as nossas experiências, pensamentos e emoções, do mundo do ser, quer dizer, o mundo das essências verdadeiras. Podemos não acreditar mais que esse mundo verdadeiro das ideias realmente existe no céu e que as coisas em nosso mundo são meramente cópias dessas ideias. Podemos ter abandonado a ideia de uma transmigração da alma para explicar nossa habilidade de compreender o mundo e, ainda assim, acreditarmos que o nível da verdade, como a relação de ideias claras e distintas, seja completamente separado do mundo da experiência. Em outras palavras, em relação à questão da verdade, podemos não ser mais realistas platônicos, mas ainda somos idealistas cartesianos, o que significa dizer que acreditamos que essas ideias existem apenas na mente, ainda que retendo o aspecto de autoidentidade, como entidades lógicas. Mesmo quando dizemos, de uma maneira desesperada, que "são apenas palavras" afirmamos que são o que são independentemente do mundo.

Embora pareça que apenas Platão realmente argumentou em favor de uma distinção entre um mundo de ideias no céu e um mundo aparente no qual vivemos, todos somos suficientemente platônicos para acreditar em algo que é efetivamente a mesma coisa, ainda que em diferentes formas. A própria ideia de razão implica que a razão que eu dou é independente de mim mesmo, quer dizer, da minha experiência ou, mais precisamente, da experiência de todos. Por exemplo, a moderna teoria da genética é platônica, à medida que exclui a possibilidade de que qualquer experiência real possa ser geneticamente transmitida, o que significa que a experiência ela mesma não tem nenhum efeito positivo sobre a vida de uma espécie. A idealidade da razão é a base sobre a qual

a) posso dar um argumento racional para alguma coisa, o que significa dizer que posso argumentar com alguém sem meramente reafirmar minhas opiniões;
b) posso olhar para a história como uma fonte de boas ou más ideias;
c) posso fazer julgamentos sobre outros povos – de outros tempos ou outras culturas.

Se a ideia que eu tenho de uma árvore, da justiça, da amizade, do azul, etc., não fosse independente de toda a experiência, como eu poderia ser capaz de falar dela? Como eu seria capaz de entender alguém além de mim mesmo? Os filósofos modernos sempre temeram que sem essa ideia de uma forma eterna e verdadeira de verdade ficássemos presos a uma ideia relativista de conhecimento, em um grau no qual não poderíamos comunicar nada por meio da linguagem; sempre temeram que, em última instância, a linguagem humana não fosse tão diferente dos sons feitos pelas vacas ou pelos morcegos.

Esse problema muitas vezes forçou os filósofos a concluir, explícita ou implicitamente, e de uma maneira tradicional, que a filosofia tem de ser uma matéria de conjunção razoável de ideias claras e distintas. Se um tal pensamento compreende a si mesmo, além disso, como sistemático, ele pode ser comparado a brincar com peças de Lego. O filósofo estaria de posse de uma certa quantidade de peças – isto é, de ideias – que juntaríamos umas às outras em uma construção que pareceria com o mundo. Assim, quando comentadores levam em conta ou descartam certas "ideias" de Nietzsche, como o *eterno retorno do mesmo* ou *vontade de poder*, eles tomam decisões sobre se essa própria peça corresponde a um fato no mundo e se ela encaixa no edifício geral construído de todas as peças que o texto torna disponível. E se eles, por fim, descartam o pensamento de Nietzsche em termos gerais, eles sustentam que essas ideias contidas nos textos de Nietzsche ao se somarem não formam um modelo próprio, plenamente completo.

O principal problema com a maioria da literatura sobre o pensamento de Nietzsche é que ela toma essa ideia de filosofia por autoevidente. Deixe-nos tomar um exemplo, a saber, o livro *Nietzsche: filósofo, psicólogo, anticristo*, de Kaufmann. Nele Kaufmann discute os diferentes modos pelos quais o texto de Nietzsche tem sido interpretado. Alguns leitores preferem as obras publicadas, alguns os diários, alguns misturam textos da juventude e textos posteriores, e outros procedem de maneira cronológica. Mas, como legitimar um método diante dos outros? Tal como Kaufmann o argumenta, dar preferência aos diários ou mesmo usá-los com alguma ênfase "parece plenamente injustificável" (Kaufmann 1975, 78). Mas, por que e em consideração a quê? A razão é dada como revelação das "concepções finais" de Nietzsche. Parece haver, então, um interesse duplo em um escritor. O filósofo avalia as "concepções finais" no que tange à coerência e utilidade na construção de um acabado e sistemático modelo de Lego, enquanto o filólogo ou historiador das ideias tenta descobrir como Nietzsche chegou a tais "concepções finais". E, uma vez que o modelo esteja construído, pode-se ou usá-lo como um "sistema de crenças" ou descartar o sistema e usar algumas das ideias para construir um outro. Em qualquer caso, tais convicções ou pontos de vista nos deixam indiferentes, e um método filosófico que procede, para fornecer uma outra imagem, como uma colheitadeira que ceifa o campo textual de Nietzsche para trazer para casa apenas os bons grãos não será nunca capaz de questionar se esse é o grão que desejamos.

Veremos em maior detalhe por que essa não é a compreensão de Nietzsche da filosofia. Veremos que ela não é, além disso, uma ideia de filosofia comum à maioria dos grandes filósofos – e, efetivamente, não é uma ideia de filosofia que faz muito sentido. Desde o "mito da caverna" de Platão, a filosofia tornou claro que se encontra em guerra com o senso comum no que concerne à compreensão do pensamento. Nesse mito, Platão mostrou a carência de "crenças", "ideias" ou "concepções", como dizemos hoje em dia. Essas "concepções" não se relacionam a nós em nenhum sentido essencial, isto é, elas nos deixam indiferentes e não capturam a verdade da realidade.

Em uma outra seminal renovação do antagonismo ao senso comum, Georg Wilhelm Hegel, no capítulo inicial da *Fenomenologia do espírito* (1807), demonstra a inabilidade para expressar crenças, à medida que essas são completamente abstratas e, então, encontram sentido apenas na intenção pessoal. Essas *Meinungen* [opiniões] permanecem minhas, isto é, elas não podem ser elevadas ao nível da linguagem, não podendo, então, ser comunicadas e permanecem palavras vazias, contradizendo umas às outras em sua indiferença. Em um capítulo ulterior sobre o ceticismo, Hegel descreve essa sofisteria das visões de mundo: esse "discurso é, de fato, como uma disputa entre crianças voluntariosas, uma das quais diz *A* se a outra diz *B*, e diz *B* se a outra diz *A*, e que, ao *se* contradizerem adquirem para si o prazer de contradizer continuamente *uma à outra*" (PoS 126).

A verdade da filosofia se encontra, para Nietzsche, em um nível completamente diferente, distante das ideias de subjetividade extrema ou objetividade absoluta – isto é, das "visões" tidas somente por mim e "visões" que são tidas por todos – de tal maneira que não é mesmo uma contradição a essa verdade quando Nietzsche diz, em uma carta a um amigo: "minha vida consiste agora no desejo de que todas as coisas pudessem ser de uma maneira diferente do que aquela como eu as compreendo; e que alguém virá e tornará minhas "verdades" inacreditáveis" (KSA-B610). Que esse desejo não se tenha realizado é uma das razões pelas quais os escritos de Nietzsche exercem um tal fascínio. Ou, como disse Georg Picht em seus brilhantes cursos sobre Nietzsche: "Por que ler Nietzsche? Porque tudo que ele disse se tornou verdadeiro". No que se segue, tentarei argumentar que as doutrinas de Nietzsche fazem sentido somente se são vistas como ações na história viva do pensamento (filosófico).

QUAL É A TAREFA DA FILOSOFIA?

Para compreender as várias doutrinas da filosofia de Nietzsche, temos de refletir sobre a essência da filosofia tal como ele a vê. Assim que compreendermos qual é a tarefa do Nietzsche filósofo, o significado de sua filosofia se seguirá quase diretamente. Para que isso aconteça, temos de ganhar um *insight* na dimensão histórica do pensamento filosófico, o que significa dizer que temos de compreender que a filosofia não é apenas a ideia universal do pensamento abstrato, mas essencialmente abrange a história do pensamento europeu, de Platão ao presente.

Nietzsche é por formação um filólogo clássico. Durante seu período na escola, ele aprendeu a admirar a grandeza da era grega do ser humano artístico. Sua primeira influência filosófica explícita veio da leitura do filósofo alemão Arthur Schopenhauer e, após assegurar uma cadeira como professor de filologia clássica na Universidade da Basileia, na Suíça, direcionou seus estudos cada vez mais para a filosofia. Entretanto, isso não configurou uma mudança de interesse, pois, de fato, seu fascínio pela Grécia clássica nunca pereceu, mas sim influenciou de maneira essencial seu pensamento filosófico. Então, enquanto ele era um brilhante estudioso, seu interesse pela idade clássica sempre foi filosoficamente motivado.

Como ele escreve em um texto de 1874: "Eu não sei que significado os estudos clássicos poderiam ter para nosso tempo se eles não fossem atemporais – quer dizer, agindo contra nosso tempo e, dessa maneira, agindo sobre o nosso tempo e, esperemos, pelo benefício de um tempo futuro" (HL 8). Como se pode ver, o passado nem chega a ser mencionado nessa passagem. De acordo com Nietzsche, não faz muito sentido simplesmente acumular conhecimento correto acerca de eventos do passado. Se pensar acerca do passado faz algum sentido é para iluminar nosso presente e, então, modificar nosso futuro. É por isso que esse texto, *Sobre a vantagem e a desvantagem da história para a vida*, principia com uma citação do poeta alemão Goethe: "Cada vez mais odeio tudo que meramente me instrui sem aumentar ou acelerar diretamente minha atividade".

É nesse contexto que Nietzsche diz:

> Talvez se vá julgar daqui a poucos séculos que toda filosofia alemã encontra sua própria dignidade em uma redescoberta progressiva do solo antigo e que todas as reivindicações de "originalidade" soam miseráveis e risíveis em relação a essa reivindicação mais elevada dos alemães, qual

seja, a de haver reestabelecido o elo com os gregos (...) um elo com o mais elevado tipo de ser humano até o momento. (WP 419)

Em relação a esse tipo mais elevado de ser humano, Nietzsche não quer dizer que todos os gregos eram artistas no sentido moderno da palavra, mas sim que eles viam o todo da vida não como uma oposição entre seres humanos livres e um mundo de fatos, senão ele mesmo como uma obra de arte.

Muitos dos escritos iniciais de Nietzsche são dedicados a compreender esse tipo mais elevado de ser humano que não está acorrentado a um mundo de fatos. Seu primeiro livro, *O nascimento da tragédia a partir do espírito da música* (1872), é devotado a uma investigação da oposição dos deuses gregos Apolo e Dionísio como as divindades gregas das artes. Apolo, como o deus das artes visuais, e Dionísio, como o deus da música, do sonho e da embriaguez, abrem a cena das tragédias gregas como a forma de arte central para a compreensão grega da vida. Há muitos outros ensaios e cursos do mesmo período – *A visão de mundo dionisíaca*, *Drama musical grego*, *Sócrates e a tragédia*, *O nascimento do pensamento trágico* (todos de 1870) – e os ensaios posteriores, na época não publicados, mas hoje mais famosos, *Filosofia na época trágica dos gregos* e *Sobre a verdade e a mentira em um sentido extramoral* (1873). Para compreender o argumento de Nietzsche acerca do grego como o mais elevado tipo de ser humano, daremos uma olhada em *Sobre a verdade e a mentira em um sentido extramoral*.

A primeira parte desse ensaio argumenta em favor de uma reversão na relação entre verdade e mentira. Geralmente, tendemos a pensar que há, antes de tudo, a verdade pura e simples, enquanto a mentira é vista como uma questão de moralidade. Um mentira é, nesse sentido, sempre dita sobre a base de conhecimento da verdade, enquanto, procurando obter uma vantagem qualquer ao enganar alguma outra pessoa, contamos uma mentira. Nesse sentido, a verdade é uma questão de fatos e as mentiras pertencem ao reino das considerações morais. E, entretanto, como Nietzsche demonstra, a função original do intelecto somente pode ter sido a dissimulação, a trapaça, a armadilha, muito antes de poder ter havido a questão de contar a verdade. Efetivamente, é apenas com o surgimento da sociedade que o ser humano começa a demandar que se conte a verdade, de modo a tornar mais confiáveis os membros de uma dada sociedade. Não buscamos simplesmente a verdade pura e simples, mas a concordância de todos. Não é difícil encontrar esse ponto na filosofia moderna. Examinando Descartes, o fundador do pensamento moderno, podemos ver que a noção de certeza não muda nada em relação à nossa experiência do mundo ou nossa compreensão das coisas. O que essa noção almeja é a indubitabilidade, quer dizer, uma necessidade para a concordância de todos. Para encontrar uma tal verdade, tem-se de fazer com que todos experienciem o mesmo, sintam o mesmo, pensem o mesmo, até que o mundo de seres humanos tenha sido formatado de uma tal maneira que ninguém possa discordar dessa imagem universal de realidade recentemente criada.

Nietzsche, então, considera a objetividade um valor necessariamente comunal, o que significa dizer que ela não é nunca livre do exercício do poder. Se uma maioria de cientistas concorda acerca de alguma coisa, então eles têm o poder e o direito de fazer com que os outros concordem com eles. Se um cientista ainda se recusa a concordar, então a maioria pode, como o positivista lógico Rudolf Carnap argumentava, dizer dele que ele é daltônico ou um mau observador ou alguém que fantasia ou um mentiroso ou um louco (*Erkenntnis* 3/180). Que essa noção de objetividade científica direciona ela mesma à concordância necessária de todos significa, para Nietzsche, que ela não descobre nenhuma verdade acerca do mundo, mas trabalha para a normalização da experiência. Como ele diz posteriormente no *Zaratustra*, aqui "todo mundo quer o mesmo, todo mundo é igual a si mesmo: qualquer um que sinta diferente vai voluntariamente para o hospício" (4/20).

Mas, o que todos esses pontos têm a ver com a questão da tarefa da filosofia? O que Nietzsche tenta demonstrar nesse ensaio é que nossas convicções concernentes à noção de verdade como certeza de conhecimento, essa certeza compreendida, por sua vez, como uma objetividade de conhecimento baseado em fatos, não se baseia em si mesma, mas é consequência de uma outra motivação. Filósofos modernos frequentemente se orgulham da natureza científica de suas investigações. Eles repudiam, por exemplo, o pensamento de Nietzsche como sendo "mera literatura", isto é, arte. E eles compreendem arte como fazendo as coisas aparecer de um modo que elas não são. Isto é, a arte mente acerca da realidade enquanto, se temos sorte, mente de uma maneira recreativa. E, contudo, como Nietzsche acaba de mostrar, a ciência, que compreende a si mesma como estabelecendo verdades factuais, pertence ao reino da moralidade, enquanto a verdade subjacente a esse imperativo moral é a mentira, isto é, uma falsificação artística da realidade. É uma falsificação da realidade fazer essa realidade aparecer de uma maneira matemática, quer dizer, à imagem do pensamento humano. Em outras palavras, Nietzsche demonstra que a ciência é uma arte que esqueceu que é uma arte, e para que ela possa ser verdadeira, nós tínhamos primeiro de criar o ser humano para o qual ela possa ser assim.

Isso significa que, para Nietzsche, a tarefa do filósofo é mentir ou, em outras palavras, simplesmente dizer o que quer que eles queiram? Isso é certamente como alguns leitores interpretaram as afirmações de Nietzsche de que "não há verdades, há apenas interpretações e interpretações de interpretações" e de que "se Deus está morto, então tudo é permitido". E, entretanto, temos de ser cautelosos. Se o filósofo moderno pensa o pensamento como o estabelecimento na consciência de relações entre ideias claras e distintas, encontrando essa sua validade nas suas relações com os fatos, então, tão logo essas consciências são desacorrentadas dos fatos elas não parecem ser capazes de se ligar a qualquer realidade. Então, parece que elas poderiam simplesmente dizer o que quer elas quisessem. Mas Nietzsche argumenta que pensamento não é um processo abstrato, "lógico" que ocorre em uma consciência abstrata, e que o pensamento não é uma contemplação teórica e indiferente do mundo.

Uma vez que tenhamos compreendido que Deus está morto, torna-se impossível adotar uma tal postura abstrata em relação ao mundo. A oposição entre verdade e mentira, compreendida a partir de tais abstrações tais como atos de consciência, se transforma na oposição concreta entre dois tipos de seres humanos: o "homem de razão" e o "homem de intuição". Este último é aquele que libertou seu intelecto da escravidão aos fatos. Vista da perspectiva da cultura, nossa época é a época do "homem de razão" estabelecendo seu domínio sobre o "homem de intuição" através da dominação da ciência sobre a arte, enquanto durante a época grega clássica podemos ver como o espírito artístico asseverava sua dominância sobre sua contraparte.

Mas não estará Nietzsche aqui reivindicando a afirmação de juízos verdadeiros acerca da relação entre a Grécia clássica e a Europa moderna? E se eles não forem considerados verdadeiros, eles não perderiam todo valor ao mesmo tempo? Não. Da mesma maneira como Platão, na famosa alegoria da caverna, definiu a filosofia como a tarefa de libertar o ser humano de seu aprisionamento por suas crenças superficiais, Nietzsche vê a tarefa da filosofia como a de libertar os seres modernos de sua escravidão aos fatos. A ciência diz "isso é um fato" e contra um fato você não argumenta, você apenas o tolera. Nietzsche responde a isso: "Então vocês são advogados do diabo, a saber, ao fazer do triunfo, do fato, seu ídolo: enquanto um fato é sempre estúpido e tem sempre parecido mais com um bezerro do que com um deus" (HL 48). Em outras palavras, a tarefa da filosofia não é trazer fatos mais pesados contra fatos mais leves de maneira a ganhar um argumento.

Mas, novamente, precisamos ser cuidadosos aqui. Poder-se-ia pensar com demasiada facilidade que essa pretensão equivaleria a uma abordagem idealista ou mesmo subjetiva da filosofia, o que não estaria muito longe da verdade. De fato, a noção de fatos é diretamente congruente com a ideia do pensamento como estruturado através de ideias ou crenças. Pensar acerca de ideias significa pensar acerca de fatos ideais, isto é, acerca de ideias claras e distintas. Consequentemente, libertar-nos da escravidão aos fatos significa, ao mesmo tempo, libertar-nos do idealismo. Resumindo, o idealismo está essencialmente acorrentado ao materialismo tanto quanto as ciências naturais modernas estão acorrentadas à teologia cristã.

Uma tal tentativa de nos libertar de nossa prisão aos fatos parece ao "homem de razão" uma ilusão infantil, se não uma mentira maliciosa. No mundo dos fatos não há liberdade humana e, à medida que somente fatos "científicos" podem contar como verdadeiros, não pode haver, por princípio, uma demonstração da liberdade. Em outras palavras, não pode haver um argumento em favor disso. É verdade que não podemos imaginar viver de outra maneira, mas isso poderia apenas apontar para os limites da nossa imaginação antes do que para os limites de nossas possibilidades. Então, a tarefa do filósofo é, antes de tudo, demonstrar que as coisas podem ser de outra maneira, e Nietzsche faz isso de dois modos, associados: primeiramente, demonstrando que as coisas já foram de outra maneira e, em segundo lugar, mostrando que as coisas não são exatamente como elas aparecem para nós, quer dizer, argumentando que nossa compreensão da vida baseada em verdades factuais não é nada além de uma derivação de uma vida da verdade artística, à medida que todos os fatos foram estabelecidos e são, assim, eles próprios produtos da criação artística. Em outras palavras, a ciência é arte que esqueceu que é arte. A vida "mais verdadeira" é, então, aquela dada na falsificação artística.

Nietzsche afirma que nossa existência não pode ser compreendida através da descrição do que é o caso, mas sim que o sentido daquilo que é o caso somente pode ser estabelecido por meio de uma reflexão acerca de como ele veio a ser o que é. É nesse sentido que se pode dizer que com Nietzsche a história se transforma no único conteúdo da filosofia. Que o ser humano tenha se tornado o que ele é, mostra-nos que temos de compreender sua essência através do seu devir. Se Nietzsche aqui, no ensaio *Sobre a verdade e a mentira no sentido extramoral*, parecia meramente ter fornecido uma "comparação" entre duas formas de vida, o que ele realmente procurava era o sentido histórico da existência. Para usar os termos acima de idealismo, materialismo, teologia e ciência moderna como exemplo: julgadas como crenças teóricas acerca do mundo, elas apareciam essencialmente diferentes e em oposição, enquanto vistas em sua verdade histórica elas todas apareciam como expressões interdependentes de uma metafísica platônica da presença.

Compreender a história como a realidade do mundo do devir significa que não podemos vê-la como um manancial de ideias, isto é, como uma sequência de estilos dos quais poderíamos extrair várias ideias, que poderiam ser julgadas por seus próprios méritos. Em vez disso, necessitamos de uma nova metodologia filosófica que seja essencialmente histórica e lide com o mundo histórico como um mundo que nunca chegou e nunca chegará a um fim e que não pode, portanto, ser compreendido como se movendo em direção a um fim. Esse método, em seus escritos tardios desenvolvido sob o título de genealogia, lida, então, com o mundo da experiência não como consistindo de verdades factuais, mas como um fluxo constante de interpretações e interpretações de interpretações, isto é, como o meio como seres humanos lidam com todas as suas necessidades sem serem capazes de dirigir a si mesmos em direção a uma verdade final. Se a história não tem nenhum fim e nenhum começo absoluto, então podemos ver a noção de erro, isto é, o modo como a humanidade erra ao longo de sua história, como algo que não pode nunca ser subjugado em nome de uma verdade.

A tarefa do filósofo, o que significa dizer, de toda filo-sofia, isto é, de todo amor pela sabedoria, é "amar e promover a vida por causa do entendimento, e amar e promover nossos erros, nossa imaginação por causa da vida. Dar à existência um sentido estético para aumentar nosso gosto pela vida..." (KSA9/504).

O FILÓSOFO COMO FILÓLOGO E FÍSICO

O filósofo não é alguém que conta a verdade para seu próprio bem, mas ele é o "extraordinário promotor da humanidade" (BGE § 212, 143). Mas, como não há nenhuma ideia do que seja o ser humano, de acordo com a qual o ser humano pudesse direcionar sua vida, esse promotor da humanidade não pode dizer aos seres humanos o que eles devem fazer. Mais propriamente sua relação com o ser humano está ligada, segundo Nietzsche, àquela de um médico em relação ao corpo humano. Um tal médico não diz o que um corpo saudável deveria fazer, mas sim ele ajuda o corpo doente a recuperar sua saúde, isto é, ele ajuda o corpo a se mover da incapacidade para uma capacidade autodeterminada. Igualmente, o filósofo ajuda o ser humano a se mover da passividade à atividade, da escravidão à liberdade, sem ser apto nem disposto a dizer ao ser humano o que fazer. O primeiro estágio no caminho da cura é fazer o paciente compreender que ele está doente. Depois disso, ele tem de compreender a doença e necessita desenvolver uma ideia do processo de cura. Esses três passos caracterizam a ideia de Nietzsche do ensino filosófico. Um tal ensino não pode tomar a forma de uma ideia, tendo de ser ele mesmo um processo. Se esse processo for bem-sucedido, ele deve tirar o paciente de onde está, ou seja, na doença, e deixá-lo em um outro lugar, ou seja no caminho em direção à boa saúde. Para que isso aconteça, tanto o ensino quanto a cura têm de se modificar em etapas. O filósofo é, então, o "médico da cultura" (7/545).

O primeiro passo em direção à cura é se tornar consciente da doença da qual se está sofrendo. Assim como com a doença médica, um processo de cura começa com uma tomada de consciência, sem a qual permanecemos passivos em relação ao desenvolvimento da enfermidade. À medida que isso concerne a nós, ocidentais modernos, frequentemente permanecemos inconscientes de qualquer enfermidade da qual possamos estar sofrendo. Tendemos a compreender nossa existência como o resultado de alguns poucos milênios de progresso, de tal forma que nos vemos como mais livres, mais exitosos, mais longevos e mais prósperos. Compreendemos o ser humano como sendo do mais elevado valor e estamos supostamente engajados na emancipação universal de todos os seres humanos. E, contudo, pelo menos no que concerne a Nietzsche, nossa ideia de ser humano permanece restrita à nossa simples existência, sem nenhuma relação a nada que tenhamos efetivamente realizado. Em outras palavras, nossa ideia do que é um ser humano é meramente um universal, uma ideia abstrata, a qual pode se tornar – e se torna – facilmente o seu contrário. De acordo com esse contrário, nós somos seres biologicamente determinados.

Nossas ideias de psicologia, moralidade e política são orientadas pelos princípios das ciências naturais modernas, o que significa dizer que pensamos a nós mesmos como puros mecanismos e, assim, talvez mais complexos, mas principalmente indistinguíveis da vida animal.

Esse estado de coisas se encontra espelhado na relação entre a ideologia do humanismo e nossa visão de mundo científica. De acordo com a primeira, o ser humano é de um valor absoluto, quer dizer, um valor que é independente de tudo o que eu faço, independente de todo devir. E, entretanto, de acordo com a segunda, o ser humano é apenas mais um objeto entre outros. Esse problema é delineado muito claramente pelo cientista alemão Werner Heisenberg. Em um ensaio intitulado *O desenvolvimento das ideias filosóficas desde Descartes em comparação com a nova situação na teoria quântica,* ele escreve acerca das consequências necessárias da negação de Descartes de que o animal tenha uma alma. Uma alma, como princípio do movimento próprio, não pode encontrar lugar em um universo mecânico. De acordo com Descartes, portanto, apenas seres humanos têm uma alma, mas, novamente, uma alma que não habita o mundo das coisas extensas. Heisenberg argumenta que um tal pensamento levaria apenas alguns séculos para conduzir o ser humano a negar a noção da alma e a ideia de liberdade humana como tal. Isso aconteceu no positivismo do século XIX e no behaviorismo do século XX e é ainda dominante hoje nas teorias da psicologia evolucionista, "determinismo biológico", etc.

No texto tardio *O anticristo*, Nietzsche refere essa questão com as seguintes palavras: "Nós encontramos a felicidade, nós conhecemos o caminho, nós encontramos a saída do labirinto de milênios. Quem mais a encontrou? O homem moderno talvez? – Eu não sei para onde ir; eu sou tudo que não sabe para onde ir" – soluça o homem moderno... É dessa modernidade que estávamos doentes (AC § 1). À medida que a humanidade vê a si mesma como o ponto final do progresso, ela sofre de uma compreensão do ser humano reduzida à sua nua simples existência. Mas isso é dizer que a liberdade não é mais compreendida como ação essencial sendo direcionada para a essência do que significa ser humano. A liberdade é, então, reduzida à "liberdade de expressão", a qual é indiferente àquilo que se poderia expressar, a saber, as crenças que se tem.

Essa doença de não se estar mais ativamente ligado ao nosso próprio ser, de não ver mais um valor no nosso próprio devir, de retirar valor dos valores mais elevados, é chamada por Nietzsche de niilismo europeu. Niilismo, derivado do latim *nihil*, que significa "nada", é aquele estado no qual o ser humano não é mais capaz de acreditar naqueles valores, os quais, não obstante, ainda caracterizam sua existência. Enquanto consideramos isso apenas em seus traços mais abstratos, o que é importante para compreender é que essa noção de uma enfermidade não está restrita às crenças ou ideias particulares nas quais nós podemos ou não acreditar. O niilista não é aquele que professa ter perdido a fé em Deus, na alma ou em valores mais elevados. Aquele que mais sofre de niilismo é aquele que não compreende de nenhuma maneira sua enfermidade, aquele que talvez adote alguma crença vaga no Deus cristão, ou que muda sua afiliação religiosa para algum outro credo, ou que adere a valores humanistas, à liberdade humana, ao poder das verdades científicas ou à igual oportunidade para todos. Em outras palavras, o niilismo poderia ser confundido com um fenômeno individual, psicológico.

É por essa razão que o primeiro termo que Nietzsche deu para essa enfermidade foi "enfermidade histórica". Nós sofremos ao perder nossa relação essencial com a história e sofremos disso mesmo e especialmente lá onde mergulhamos em estudos históricos. Como já não vemos nossa existência em tais termos históricos, nós a reduzimos à ideia universal abstrata de "ser humano". Todo mundo é um tal ser humano, não possuindo essa palavra mais significado do que "bípede" ou "ser pensante". Sendo restringidos àquilo que é o caso, isto é, ao ser, nós perdemos toda a relação com o devir. Mas se esse é o caso, então, conversamente, nós apenas podemos compreender a verdade da nossa existência respondendo como nós nos tornamos o que somos. Um tal estudo da história é o que Nietzsche compreende por filologia. Para poder ser nosso médico, o filósofo também tem de ser um filólogo.

O FILÓSOFO COMO LEGISLADOR

A imagem do filósofo como um médico reflete a compreensão mais essencial da filosofia desde sua origem nos diálogos de Platão. Aqui o filósofo é visto como aquele que se preocupa com a finitude do ser humano, liberando-o das correntes das preocupações do cotidiano. O filósofo deixa a vida cotidiana, relacionada por Platão à vida em uma caverna e ascende à luz das ideias, ao reino da verdade. Mas ele não permanece aqui e sua tarefa não consiste em meramente afirmar verdades. Ao contrário, ele é forçado a voltar para a caverna e servir à humanidade como aquilo que Platão chama de rei-filósofo.

Que o filósofo não está aqui meramente concernido com falar a verdade pode já ser visto em que a tarefa política do filósofo é, para Platão, necessariamente interminável. Enquanto o lado animal do ser humano pertence à família, o ser humano se torna propriamente humano na *ágora*, na praça do mercado. Ele é aqui humano precisamente porque está concernido com a questão do que significa ser humano, quer dizer, está concernido com sua autodeterminação. A mais clara indicação da filosofia como um tal cuidado com a finitude do ser humano pode ser vista no tratamento de Platão do amor em *O banquete*. Eros é aqui compreendido como uma atitude essencialmente filosófica face a vida. A filosofia, derivada das palavras gregas *philos* e *sophia*, é o amor pela sabedoria. Nesse amor pela sabedoria, o filósofo compreende a si mesmo necessariamente como aquele que, precisamente à medida que deseja a sabedoria, não a possui. Enquanto o conhecimento é compreendido como conhecimento do verdadeiro e, à medida que o verdadeiro pode somente ser o que é verdadeiramente eterno, o amor pelo conhecimento é o amor pela imortalidade, que é, para Platão, igualmente um amor pelo divino. Mas, à medida que o ser humano é compreendido como o meio do caminho entre o céu e o inferno, como corpo e alma, um tal direcionamento para o divino não é como qualquer relação que se entretém com outras coisas que não se possui. Antes, esse não possuir é o traço mais essencial do ser humano. Portanto, o filósofo, que guia seus compatriotas em seu alinhamento em direção ao divino na arena política, é aquele que cuida da mortalidade essencial do ser humano.

O pensamento platônico fez, então, duas coisas: primeiramente, ele deu ao ser humano a habilidade de dirigir a si mesmo para seu próprio ser, o que significa dizer que ele abriu a possibilidade para liberdade como autodeterminação e, em segundo lugar, elevou o desejo por conhecer a propriedade mais essencial da existência humana. Conhecimento não é, assim, algo que poderia ter ou não, mas o desejo por conhecimento é o que torna humano o ser humano. E isso é também dizer que conhecimento é o que torna possível haver um mundo da aparência. Enquanto a natureza animal é plenamente dada no fluxo constante do devir, de tal maneira que o animal não pode mesmo ver "alguma coisa" – uma posição que ainda sobrevive no behaviorismo contemporâneo e outras ideias do determinismo biológico –, o ser humano tem experiências à medida que ele pode direcionar a si mesmo para as verdades eternas.

Embora Nietzsche pareça ser oposto a Platão, essa e muitas outras ideias fundamentais da filosofia sobrevivem em seu pensamento. Como Nietzsche diz, no fluxo geral das coisas, o filósofo serve como um freio [*shoe-drag*] (o original àlemão é *Hemmschuh*: a ideia é, em outras palavras, que a obra do filósofo se opõe à onda do tempo) (7/710). Em uma linha similar, ele chama Platão de o filósofo com a mais elevada *vontade de poder* pelo fato de sua filosofia estampar a imagem do ser em devir. Mas, falando mais essencialmente, a concepção de Nietzsche do *eterno retorno do mesmo* permaneceria incompreensível sem compreender essa noção de filosofia. Quando sofreu a súbita iluminação do *eterno retorno do mesmo* em 1881, ele descreveu uma de suas mais essenciais consequências como "a importância infinita de nosso conhecimento, nossos erros, de nossos hábitos e modos de vida para tudo o que virá" (9/494). Essa noção platônica de "ser o que sabemos", em vez de simplesmente saber algo permanecendo essencialmente indiferente a um tal conhecimento, abre para a compreensão nietzscheana de nosso mundo como interpretação. Se a liberdade é compreendida como autodeterminação e se nossa autodeterminação é compreendida nessa base de conhecimento, então nossa história essencial não é nada além dessa história de nossa autointerpretação, que não conhece mais nada de verdadeiro além do que ela é, de tal maneira que essa história vem a ser a errância da essência humana através do tempo.

Agora, podemos ver que essa posição demanda que o filósofo seja mais do que um filólogo e um médico. Se vemos a determinação platônica da essência humana como uma incisão radical na história, de tal forma que isso poderia dar origem à história europeia como tal, então podemos ver que Platão não apenas teve cuidado com a finitude do ser humano da maneira como um doutor ficaria concernido com a saúde do corpo. Antes de tudo, os gregos não sofriam da mesma doença de que sofremos. Mas, mais essencialmente, se podemos com direito chamar os dois últimos milênios e meio de platônicos, se podemos chamar o Cristianismo de "Platonismo para o povo", então Platão determinou nossa autocompreensão para além de tudo o que ele previu. Se, como Nietzsche mostrou desde o ensaio *Sobre a verdade e a mentira em um sentido extramoral*, o platonismo ainda dá a forma de nossa compreensão da linguagem, do pensamento, da ação e das coisas, então a filosofia se mostra, não importa como se julgue essa era platônica, como o discurso mais criativo. Ela não apenas vê o que é, ela comanda o que será.

Daqui se segue a mais exaltada compreensão da tarefa do filósofo no teatro da história. Nietzsche compara a vida histórica a uma peça teatral e se pergunta onde ficam os filósofos. Eles não estão no palco e, assim, frequentemente pensam a si mesmos como meramente assistindo ao espetáculo, enquanto o modo como Platão criou nosso mundo moderno torna claro que seu pensamento tem sido muito mais criativo do que poderíamos imaginar. De fato, nessa imagem o filósofo tem de ser pensado como aquele que escreve a peça que está sendo encenada no palco da história. Assim, diz em *A gaia ciência*:

> [O filósofo] fantasia que é um *espectador* e um *ouvinte* que foi colocado diante de um grande espetáculo visual e acústico que é a vida; ele chama a sua própria natureza de *contemplativa* e não vê que é ele mesmo realmente o poeta que continua criando essa vida. Evidentemente, ele é diferente do *ator* desse drama, o assim chamado tipo ativo; mas ele é ainda menos como um mero espectador e convidado festivo na frente do palco. Como um poeta, ele certamente possui *vis contemplativa* e a habilidade de olhar para sua obra, mas ao mesmo tempo possui também, e antes de tudo, *vis creativa*, que *falta* ao ser humano ativo, independentemente do que as aparências visuais e a fé do mundo possam dizer. Nós, que pensamos e sentimos ao mesmo tempo, somos aqueles que continuamente *modelamos* alguma coisa que não estava aí antes: o mundo eternamente crescente de valorações, cores, acentos, perspectivas, escalas, afirmações e negações. Esse poema que nós inventamos é continuamente estudado pelos assim chamados seres humanos práticos (nossos atores), que aprendem seus papéis e traduzem tudo em carne e realidade, em cotidiano. (GS § 301)

Embora não nos ocorra nenhuma passagem que pudesse relacionar Nietzsche especialmente a Platão, essa descrição do filósofo traduz o pensamento de Platão do ser humano como aquele que tem de ser continuamente criado. É, então, útil lembrar, contra a interpretação usual e equivocada da postura de Platão em relação aos poetas, que ele exclui os poetas de sua cidade ideal precisamente porque eles estão fazendo a mesma coisa que o filósofo e, como bem diz o provérbio, cozinheiros demais estragam o mingau. Quer dizer, os poetas são essencialmente rivais e antagonistas do filósofo (817 b6). Deveríamos, do mesmo modo, ter em mente que o sentido da filosofia, já que seu fim superior reside na criação do filósofo como legislador, é direcionado ao político, o que é irreconciliável com nossa ideia "objetiva" de verdade. Que o ateu, de acordo com as *Leis*, deva ser punido com a morte, é precisamente porque ele ameaça a vida da sociedade humana com uma "verdade" absoluta, a saber que o mundo é meramente dado. E, à medida que o ser humano pode ser ameaçado por uma tal verdade absoluta, podemos ver que, mesmo para Platão, para o ser humano não é suficiente que ele mesmo apenas esteja aí, apenas exista; o ser humano necessita ser livre, no sentido de se relacionar com sua própria essência.

Para permanecer com a imagem do teatro, podemos ver que o filósofo, como roteirista da história, não é visto ou ouvido diretamente. Se a peça é boa, o público acredita que os atores falam com suas próprias vozes. Igualmente, o comandante do qual Nietzsche fala não é dado com uma voz de comando. Nietzsche expressa essa decisiva ideia do pensamento filosófico no *Zaratustra*. Na sua "A hora mais silenciosa" uma voz silenciosa fala a Zaratustra e pergunta a ele "O que você quer? Quando Zaratustra responde com insegurança, a voz responde:

> Você sabe de que todas as pessoas mais precisam? Aquele que ordena grandes coisas. Realizar grandes coisas é difícil: mas mais difícil é ordenar grandes coisas. Isso é o mais imperdoável em você: você tem o poder e não quer dominar." (Z 68)

Tendo, assim, referido ele mesmo à noção platônica do rei-filósofo como um tirano autocentrado:

> ...E eu respondi: "Falta-me a voz de leão para ordenar."
> Então ela novamente sussurrou para mim: "São as palavras mais silenciosas que trazem a tempestade. Pensamentos que vêm com pés de pombo guiam o mundo. (Z 168)

LIBERDADE E DESTINO: O CORPO DE NIETZSCHE

> Portanto, meu leitor, eu mesmo sou a matéria do meu livro: não há razão para você investir seu tempo escasso em um tema tão frívolo e vão. Adeus, então, para Montaigne... (Montaigne)

Vimos o problema do pensamento filosófico após a morte de Deus. Isso mostrou mais claramente que nós somos ainda suficientemente platônicos para basear nosso pensamento sobre a ideia platônica do ser humano como o meio do caminho entre o céu e a terra; e, contudo, nós não acreditamos mais nesse céu e, portanto, o mais das vezes sem saber, nós não acreditamos mais em nós mesmos. Nós certamente existimos, mas consideramos que pertencemos àquele sistema mecânico de movimento determinado que chamamos de natureza. A totalidade do pensamento filosófico moderno desde Descartes se atormenta com esse problema, quer ele apareça como o problema mente-corpo ou, com Immanuel Kant, como a incompatibilidade entre conhecimento teórico e prático.

Mas, de novo, se o conhecimento humano não pode exceder esse mundo de mudança constante, como se podem fazer quaisquer afirmações filosóficas? Como é possível compreender que o ser humano seja transcendente, isto é, que vá além dos limites do que é imediatamente dado, para, então, falar a partir de uma tal posição? Como pode ser possível o filósofo, uma vez que não acreditamos mais na transcendência da liberdade?

Frequentemente colocamos uma outra questão, similar, quando calculamos, contra Nietzsche, que é incoerente dizer que "não há verdade", à medida que exclamamos felizes que se essa sentença deve ser verdadeira, então ela contradiz a afirmação que faz, enquanto, se ela não é suposta de ser verdadeira, então ela é, obviamente, falsa. Enquanto sabemos intuitivamente que esse argumento relativo à contradição lógica é completamente sem sentido, estamos mais acostumados a uma contradição existencial similar como, por exemplo, quando alguém diz "Eu sou um determinista biológico". Uma tal sentença presume que eu posso transcender a realidade imediata para formar uma teoria, enquanto o conteúdo da teoria nega precisamente essa habilidade. Mas o texto de Nietzsche não comete uma contradição similar? Muitos leitores ficam confusos se Nietzsche seria ele mesmo um determinista, enquanto outros o tomam por um individualista, exaltando a liberdade criativa do ser humano. É totalmente estranho: a partir da morte de Deus tudo parece ser possível, enquanto era precisamente a ideia de uma existência suprassensível que torna a liberdade possível em primeiro lugar. Consequentemente, pode-se agora pensar algo enquanto nada tem nenhum sentido. O "determinista biológico" então diz: "Eu penso que em verdade não há verdade além dos estados factuais simples." Mas, pode dizer Nietzsche mais do que isso?

Vamos observar de novo o problema tal como ele é dado na separação de Descartes de uma coisa extensa e de uma coisa pensante, isto é, de corpo e mente. Aqui a essência humana, como dada entre céu e terra, entre liberdade e necessidade foi reificada, o que significa dizer que tanto mente quanto corpo são considerados coisas. A alma abriga a noção de liberdade humana, mas essa se tornou meramente passiva: ela meramente representa a verdade por meio de juízos afirmativos, positivos. O "determinista biológico" é a expressão de uma tal verdade cartesiana, de um platonismo esvaziado de sua atividade. Aqui a mente olha para um corpo e compreende que não há verdade nele. A liberdade dessa mente consiste na mera habilidade de afirmar que ela está acorrentada. De igual maneira, quando pensamos acerca do espírito humano por meio de metáforas como *hardware* e *software*, somos cartesianos que pensam o corpo e a mente como coisas. A tarefa contemporânea da filosofia para Nietzsche é, então, superar tanto o idealismo quanto o materialismo, a noção de uma liberdade de escolha tanto quanto uma ideia de determinismo.

Mas, considerando o que dissemos acerca da indisponibilidade de uma verdade independente do mundo, considerando que dissemos que dificilmente poderíamos falar e nos comunicar a menos que as palavras tivessem um significado verdadeiro, como poderia ser possível um tal filosofar? Frequentemente vemos o ideal de professor como o de uma pessoa divina, como alguém que sabe tudo e benevolentemente distribui seu conhecimento. Então, foi argumentado, por exemplo, que Nietzsche não ensina essa ideia, seguindo a seção "Da Face e Enigma" no *Zaratustra*. Mas isso é, novamente, pressupor sem questionar que ensinar somente pode tomar a forma de afirmar representações abstratas. Essas são pensadas serem "coisas-ideais" representando "coisas-reais", sendo que as primeiras pertencem à mente e as segundas ao mundo dos corpos. E essas representações podem ser objetivas, precisamente à medida que mente e corpo são concebidos como duas substâncias independentes.

Do *insight* de que Deus está morto segue-se, então, para Nietzsche, que temos de desistir tanto do ideal de um mundo verdadeiro quanto da representação de um mundo de fatos brutos. Já encontramos a afirmação mais clara para esse propósito: "Nós abolimos o mundo verdadeiro: que mundo restou? O mundo aparente, talvez? (...) Mas não, com o mundo verdadeiro abolimos também o mundo aparente" (6/81). Como consequência, não podemos mais pensar no pensamento nem como um processo ideal no interior da consciência nem como uma combinação na mente de termos universais e particulares que são dados na experiência e compreendidos por meio desses termos. Após a morte de Deus e o fim dos valores metafísicos, esse tipo de pensamento não é mais disponível para nós. Nem subjetivo nem objetivo, nem idealista nem materialista, como deveria ser pensado, no final das contas, o pensamento?

A resposta de Nietzsche a essa questão gira em torno do corpo humano. Esse corpo não é uma instância particular de uma ideia universal; é o corpo individual, vivo que é o *locus* do pensamento. Olhar para o mundo, por assim dizer, de dentro, faz com que nos voltemos para o corpo não mais como uma entidade mecânica, mas como o meio vivo da própria existência. Se tudo que é é história, então o corpo se transforma no pensamento central da filosofia:

> *Seguindo o Guia do Corpo Vivo* – Dado que a "alma" era um pensamento enigmático e atrativo, do qual os filósofos, com razão, apenas relutantemente abriram mão – talvez aquele com o qual eles aprenderão a lidar seja ainda mais atraente, mesmo mais enigmático. O corpo humano, no qual o todo do passado mais distante e mais próximo de todo o devir orgânico

desperta e se torna corpo, através do qual e além do qual uma corrente enorme, mas inaudível, parece fluir: o corpo vivo é um pensamento mais estupendo do que a velha "alma". (11/565)

O corpo vivo é essencialmente diferente do corpo mecânico da biologia ou da física. Essa diferença é um pouco mais clara na distinção alemã entre *Körper* (corpo) e *Leib* (corpo vivo), e é aqui clarificada pela sua dimensão histórica. Enquanto um corpo físico é dado no presente, como um objeto de investigação e, então, puramente factual, o corpo vivo é essencialmente histórico. Nele "o todo do passado mais distante e mais próximo de todo o devir orgânico desperta e se torna corpo" e é, então, em relação ao corpo que podemos ganhar distância do mundo das coisas imediatas. Em outras palavras, enquanto a tradição cristã de pensamento lidava com a noção de liberdade como uma ideia metafísica, disponível apenas para a alma imaterial, para Nietzsche a liberdade se torna possível somente por causa do corpo.

Nietzsche descobriu que a mente e o corpo são um. Consequentemente, "a maior parte do nosso pensamento acontece totalmente indetectada pela consciência", ou "a consciência não é nada além do pico do *iceberg* daquilo que chamamos de pensamento. Se se credita, então, a Nietzsche a descoberta do inconsciente, tem-se de manter em mente que essa inconsciência é precisamente modelada não na noção de consciência, mas na do corpo vivo como *locus* de impulsos e instintos. A filosofia ganha, antes de tudo, peso através de sua descoberta. Ela se torna muito mais importante do que se pensava antes, quando ainda era confundida com um malabarismo livre com ideias abstratas. Essa é uma das mais importantes negligências da tradição filosófica: que ela tenha confinado todo pensamento e sentimento à oposição entre racionalidade e irracionalidade, enquanto nenhuma das duas ajuda muito a explicar o mundo de nossos feitos e "coisas".

Contra a tradição, Nietzsche tenta compreender o pensamento como um processo corporal, como algo que depende de uma atmosfera na qual ele pode se desenvolver e por causa da qual ele não pode ser mais compreendido como autofundado. Consequentemente, Nietzsche compreende o pensamento como já fundado no escuro, isto é, em processos não reflexivos ou pré-reflexivos. Por essa razão, ele muitas vezes fala de uma fisiologia do pensamento e compreende o filósofo como aquele "que pensa e sente ao mesmo tempo".

Mas se o corpo não é um simples objeto tomado em consideração por uma consciência – isto é, se ele não pode ser compreendido como um nexo causal de fatos – então ele abre para o pensamento de um mundo do devir, da mudança constante. Uma tal mudança compreendida em um sentido mais concreto é o mundo da história. Mas, já que é impossível olhar para o mundo da história desde fora e que o pensamento não pode nunca se tornar totalmente transparente para si, então a história do corpo necessariamente abre para o pensamento da história como destino. Nietzsche descobriu, primeiramente, essa ideia de ligar a compreensão do corpo com uma noção de destino quando era adolescente e lia as obras de Ralph Waldo Emerson, o que o levou a escrever dois ensaios sobre "Destino e História" e "Liberdade da Vontade e Destino" (KSA J 2/54-63). Enquanto esses ensaios esboçam essas noções de uma maneira muito confusa, dado que eles ainda repousam sobre as noções de alma e espírito, de ação consciente e ação inconsciente, eles já colocam a relação necessária de liberdade da vontade e destino sem a qual a liberdade se tornaria sem fundamento e abstrata. Esses ensaios já contrastam o ponto de vista do fatalismo como força de caráter à fraqueza característica da visão cristã de mundo.

Embora não haja muita discussão acerca do corpo nesses ensaios, eles, não obstante, refletem sobre hábitos e tradição histórica como a realidade subjacente do pensamento. Nos ensaios de Emerson, dos quais Nietzsche disse que nunca havia se sentido "tão em casa e na minha casa" (9/58), ele encontrou não apenas seu ideal de um filósofo, de alguém que "se move de acordo com leis criadas por ele mesmo, faz sua própria tábua de valores do homem e das coisas e que destrona aqueles que existiram e que *representam a lei em sua própria pessoa*" (9/671), mas encontrou também a seguinte observação sobre a relação entre indivíduo e história:

> O homem é explicável por nada menos do que toda a sua história. (...) Um homem é toda a enciclopédia de fatos. (...) Se o todo da história é um homem, tudo tem de ser explicado pela experiência individual. Há uma relação entre as horas da nossa vida e os séculos do tempo (...) as horas deveriam ser instruídas pelas épocas e as épocas explicadas pelas horas. (History 3f)

Embora Emerson fale aqui de uma relação entre a mente universal na qual o indivíduo participa, os exemplos que ele fornece ligam, por exemplo, "a ruga da testa" ao "estrato da pedra"; eles falam dos ouvidos de Händel ou dos "dedos construtivos" de Watt, levando, com isso, Nietzsche mais e mais em direção à realidade histórica do corpo como uma realidade historicamente individuada.

Enquanto a ideia de uma verdade objetiva levou a filosofia a denunciar como "psicologismo" qualquer proferimento cuja verdade dependa do indivíduo que o enuncia – isto é, como um proferimento desprovido de qualquer verdade à medida que ele meramente expressa o estado de um único sujeito e permanece relativo a esse sujeito – com Nietzsche a filosofia se torna um tipo estranho de biografia ou somatografia; isto é, uma explicação escrita da vida de alguém à medida que ela é escrita no corpo dessa pessoa. Como não é, então, a psiquê individual que escreve aqui sobre sua vida, a verdade aqui descoberta não é uma verdade puramente subjetiva, mas sim a verdade do *nosso* mundo. Como dissemos acima, a filosofia, desde sua origem, compreendeu a si mesma como uma guerra contra o senso comum, contra crenças e era nesse contexto que o argumento de psicologismo fazia sentido. Mas estamos realmente olhando para a vida de Nietzsche, a qual, como foi corretamente dito, não foi nem particularmente agradável nem bela? Obviamente não. O pensamento de Nietzsche não pode ser visto como uma expressão de seu pensamento em um tal sentido. A vida da qual ele fala se dá na intuição. Quando Nietzsche diz que o filósofo está voltado para dois lados – para o mundo, por um lado, e para ele mesmo, pelo outro (7/712) – então podemos dizer que isso não é simplesmente a ambivalência de uma atitude consciente, mas necessária para uma explicação da razão do pensamento filosófico. Essa razão não é abstratamente lógica, mas deriva do próprio corpo, daquilo no interior do qual está seu destino. Em outras palavras, dizer que o produto do filósofo é a sua vida (7/712) não é dizer que ele cria como um deus. Não há nenhuma *creatio ex nihilo*, mas uma atenção para o que é necessário. As duas citações que se seguem, de *A gaia ciência* e *Assim falava Zaratustra*, esclarecem esses pontos suficientemente:

> Nós, filósofos, não somos livres para separar a alma do corpo como as pessoas o fazem; somos ainda menos livres para separar a alma do espírito. Não somos sapos pensantes, nem mecanismos objetivantes e que registram com seus órgãos internos removidos: constantemente temos de dar a luz com dor a nossos pensamentos e, como mães, dotá-los com tudo o que temos de sangue, coração, fogo, prazer, paixão, agonia, consciência, destino e catástrofe. (GS 347f)

E:

> "Eu sou corpo e alma" – assim fala a criança. E por que não se deveria falar como crianças?
>
> Mas o homem desperto, esclarecido diz: Eu sou inteiramente corpo, e nada além disso; e alma é apenas uma palavra para algo no corpo.
>
> O corpo é uma grande razão, uma multiplicidade com um sentido, uma guerra e uma paz, um rebanho e um pastor. Sua pequena razão, meu irmão, que você chama de "espírito", é também um instrumento do seu corpo, um pequeno instrumento e brinquedo para sua grande razão. (Z 61f)

A "luta" entre essas duas formas de razão é o que experenciamos naquilo que, desde Descartes, é chamado de "problema mente-corpo". A época na qual os filósofos opõem essas formas uma à outra é uma época niilista. Aqui a "pequena razão" tenta dominar a "grande razão"; filósofos aparecem como "menosprezadores do corpo", enquanto somente a "grande razão" é capaz de compreender o pensamento de Nietzsche. A "pequena razão", que chamamos de mente concentrada, abstrata, tem de necessariamente permanecer indiferente, desdenhosa em relação a qualquer pensamento. Quando Nietzsche diz que o conhecimento é uma luta dentro do pensador, então ela não é apenas uma luta entre diferentes verdades, mas também uma luta entre essas duas razões. E que esta seja uma luta, e não apenas um juízo, é porque a "grande razão", o corpo, tem de negar a ideia de consciência como o árbitro indiferente sobre questões da verdade.

De novo, podemos ver que o giro de Nietzsche contra a filosofia tradicional é mais sofisticada do que parecia inicialmente. Onde a filosofia se baseou na noção de razão, Nietzsche não demanda "desrazão" [unreason], mas sim uma compreensão da "grande razão". Conquanto a filosofia desde Sócrates argumenta que todo conhecimento verdadeiro tem de começar com um conhecimento de si, Nietzsche não vira simplesmente essa posição do avesso, mas sim torna claro para nós que ainda nem começamos a compreender esse si. Examinemos esse ponto mais cuidadosamente. Sócrates fundamentou o pensamento filosófico no conhecimento de si:

> Eu investigo não essas coisas [questões gerais acerca da natureza do universo, etc.], mas a mim mesmo, para saber se sou um monstro mais complicado e mais furioso que Tyfão ou uma criatura mais gentil e simples, cuja sina divina e quieta é dada por natureza. (Fedro 230a)

No tempo transcorrido desde aqueles dias podemos ver o surgimento das ciências como a fundamentação sistemática de nosso conhecimento da natureza sobre a base da subjetividade do sujeito. Consequentemente, Immanuel Kant, um dos fundadores das ciências modernas, mostrou que as ciências podem ser absolutamente objetivas uma vez que compreendamos que "não tiramos a lei da natureza, mas sim a prescrevemos à natureza" (Prolegômenos § 36, p. 79). Parece, então, que o todo do pensamento europeu é a tentativa de uma fundamentação razoável de si até que, de novo no humanismo de Immanuel Kant, o mundo todo parece girar em torno do ser humano.

É, então, muito surpreendente ler a *Genealogia da moral*, a qual Nietzsche começa com a seguinte reflexão:

> Somos desconhecidos para nós mesmos, nós, os conhecedores, nós mesmos, para nós mesmos. E há uma boa razão para isso. Nós não procuramos por nós mesmos – como aconteceria que nós um dia nos encontrássemos? (...) Nós permanecemos necessariamente estranhos a nós mesmos, nós não compreendemos a nós mesmos, nós temos de nos confundir acerca de nós mesmos... (GM 3)

Como é possível dizer que "não procuramos por nós mesmos", considerando que toda filosofia é uma tentativa de compreender o mundo baseado no conhecimento de si? Já vimos porque confundimos nosso eu [self] com a noção abstrata de uma "consciência" indiferente. Mas todo mundo é um tal "eu", e todos compreendemos aqui o "eu em geral", o sujeito da forma pura da subjetividade como tal e em geral. O erro foi, então, identificar o "eu" com uma noção abstrata de consciência, a qual não é necessária para a vida. Realmente, "o todo da vida seria possível sem, como se fosse, ver a si mesmo em um espelho" (GS § 354). É por causa de um tal equívoco que falhamos em compreender nossa existência em sua forma concreta. Pensamos o "ser humano", de razão ou de compreensão, em termos universais, abstratos e, portanto, perdemos a concreção de nossa existência e a natureza histórica do próprio pensamento. Para compreender a nós mesmos, teríamos de encontrar a chave que abre a prisão da consciência. De fato, o que sabemos acerca de nós mesmos?

> Permanece a natureza em silêncio acerca de quase tudo, mesmo acerca de nossos corpos, banindo-nos para uma consciência ilusória e fechando-nos nela, longe das torções e reviravoltas das tripas, do fluxo rápido da corrente sanguínea e as complicadas trepidações das fibras nervosas? A natureza jogou fora a chave, e desgraça essa curiosidade fatídica se tivesse sucesso em perscrutar através de uma rachadura na câmara da consciência, em suas profundezas, e, então, receber uma insinuação do fato de que a humanidade, na indiferença de sua ignorância, repousa sobre o impiedoso, o ambicioso, o insaciável, o assassino. (TL 142).

Uma grande exceção para esse aprisionamento na consciência, Nietzsche encontra no pensamento de Gottfried Wilhelm Leibniz. Embora tenhamos esperado que o pensamento de Nietzsche seja a antítese de todo o racionalismo, são precisamente os três grandes racionalistas, a saber, Leibniz, Espinosa e Hegel, que mais influenciaram o pensamento de Nietzsche. Poder-se-ia superficialmente objetar que o pensamento leibniziano pressupõe a ideia de uma harmonia pré-estabelecida de todos os seres criados por Deus, que a filosofia de Espinosa depende da compreensão geométrica da razão, que o sistema de Hegel compreende a si mesmo como um panlogismo, e que consequentemente todas essas ideias são completamente incompatíveis com o texto de Nietzsche. E, entretanto, a filosofia não decide sua posição no nível das ideias. Nietzsche certamente não é um racionalista, nem forma uma teoria a partir do que ele, indiscriminadamente, encontra aqui, ali e lá. Podemos concluir do que se disse acima que se o pensamento não olha para a terra, se ele está localizado no corpo vivo historicamente constituído, então a questão não é quanto ele pode atingir de alguma verdade, mas sim como se poderia ser capaz de conseguir algo completamente falso. De fato, com respeito ao corpo nada é falso, embora o coração seja certamente mais valioso do que o apêndice.

Em outras palavras, toda grande filosofia expressa sua verdade ou, aqui como em qualquer outro lugar, "os erros dos grandes homens são dignos de reverência" porque eles são mais produtivos do que as verdades dos homens pequenos" (KSA J 3/353). E, contudo, em oposição a Descartes, que apenas parece figurar como o grande erro, e a Kant, que Nietzsche vê como alguém que dá a mais clara expressão a esse erro, Nietzsche encontra em Leibniz, Espinosa e Hegel uma linhagem de pensamento que dá origem a ele. Em Leibniz, ele encontra a exposição da liberdade de vontade como fatalismo; em Espinosa, a compreensão do conhecimento como o afeto mais elevado; e, em Hegel, a descoberta da história como a realidade de todo devir. E, de fato, a influência de Leibniz invade todo o pensamento de Nietzsche, da noção de liberdade, da de vontade e da de vida, até a noção de tempo como emergindo da vontade finita se abrindo para a infinidade de seu querer.

Estamos perguntando por que Nietzsche afirma que os filósofos nunca olharam para si mesmos e encontrou uma resposta em que eles estavam a maior parte das vezes pensando acerca da razão como tal, acerca da consciência como tal, enquanto Frank, Mary ou Joseph – isto é, indivíduos que não podem ser reduzidos a uma instância de um universal – não parecem existir para a filosofia. Em Descartes encontramos um *ego cogito* como *res cogitans*, quer dizer, um "eu penso" como uma "coisa pensante", mas não há nada que possamos dizer acerca disso e não há nada que pudesse individuar essa coisa pensante. Em Kant encontramos o "eu" como aquilo que acompanha cada representação, mas ele aparece como um ser mudo e indiferenciado que nos acompanha, uma forma de subjetividade como tal e, em geral, sem qualquer individualidade. Olhando para o "eu" deste modo, como chegaríamos a conhecer a nós mesmos? Leibniz, por outro lado, argumentava em favor da existência de, por exemplo, Joseph, Mary ou Frank. Tentemos compreender os pontos principais do sistema de Leibniz à medida que eles eram significantes para o pensamento de Nietzsche.

O racionalismo, no sentido enfático da palavra, sustenta que a razão pela qual sabemos o que o mundo é é a mesma pela qual o mundo é o que ele é; ele identifica, em resumo, conhecer e ser. Portanto, o racionalismo é necessariamente um monismo, afirmando que há apenas uma substância. Assim, Leibniz não confronta a mente ativa com a natureza passiva. Se há apenas um tipo de substância, tem de haver uma boa razão para escolher uma ou outra. Parece, como Leibniz o diz, que é difícil estabelecer uma tal razão, de tal forma que tanto o pensamento de que há, ao final, somente matéria passiva – levando a várias formas de materialismo – quanto o pensamento de que, ao final, todo fenômeno pode ser reconduzido a manifestações de uma mente ativa – dando origem a várias formas de "idealismo" – parecem ser ambos consistentes. Mas, se realmente se pudesse escolher entre eles, então o idealismo iria se apresentar como o mais persuasivo. Ele faria surgir uma compreensão do mundo oposta, por causa da liberdade e do sentido, à compreensão materialista de um mundo determinado, o qual permanece, ao final, sem qualquer significado.

Mas não temos de permanecer nesse nível abstrato de arbitragem. Leibniz, um dos últimos gênios universais, que trabalhou em todos os vários campos do pensamento filosófico – em metafísica como em matemática, em teologia como em filosofia natural – é, juntamente com Isaac Newton e Immanuel Kant, um dos pais das ciências naturais modernas. A mudança importante nessas ciências é que a natureza não é mais vista como uma ordem de "objetos" ou coisas, mas compreendida em termos da noção de força. A realidade natural não é feita de objetos extensos, mas de forças, que são definidas não pela extensão, mas por seus valores matemáticos. A principal diferença entre uma força e, digamos, a ideia de um átomo, é que uma força não pode ser pensada em isolamento de outras forças. Em outras palavras, uma força não pode ser representada passivamente como "apenas" estando lá, sem que "fizesse" alguma coisa. A ideia de uma força é aquela de uma entidade essencialmente ativa, que é igual à sua expressão ou que não é nada além de sua expressão. Além disso, uma tal expressão é somente possível estando relacionada a uma outra força. É por isso que Newton descobriu que cada força se opõe a uma outra força de igual valor e que a soma total de todas as forças no universo sempre permanece igual. É essa mudança fundamental na compreensão da natureza que caracteriza a física moderna e que, consequentemente, servirá para Nietzsche como uma fundação para a elaboração da doutrina do *eterno retorno do mesmo*.

Com essa noção de força, a natureza se torna uma coisa essencialmente ativa. Se, por exemplo, pensamos acerca de uma grande pedra em um mundo cartesiano, essa pedra é pensada como algo essencialmente passivo. Ela simplesmente repousa em algum lugar. De fato, se a chutássemos, ela voaria por aí. Com a descoberta da força, por outro lado, essa pedra é agora compreendida pela noção de ação. A ideia de inércia, da resistência da pedra ao nosso chute, faz com que compreendamos a passividade como uma atividade "relativa" ou, digamos, como re-ação. Como Leibniz diz, "uma coisa passiva não existiria nem mesmo por um segundo". Enquanto nós, obviamente, não estamos tão surpresos acerca desse *insight*, à medida que ele modelou os últimos séculos das ciências modernas, as consequências posteriores que Leibniz extrai daqui são talvez mais impressionantes.

O cientista poderia pensar que o mundo pode ser compreendido como um nexo de forças movido através do tempo por aquilo que chamamos de causação natural. Há um certo estado de coisas e por meio de conexão causal isso faz surgir um outro estado de coisas. Essa é mesmo nossa ideia de determinismo, a saber que o significado de qualquer estado determinado de coisas deve ser encontrado na sua causa, quer dizer, no seu passado. E, entretanto, uma tal interpretação viola o *insight* que acabamos de descrever. Uma força é algo essencialmente ativo, enquanto pensá-la como um efeito de uma força *a priori*, a qual, por sua vez, parece como um efeito de uma causa *a priori*, significa que furtivamente se voltou a interpretação de forças à noção de passividade. Apesar desse ardil nos permitir representar esses estados de coisas em sua "verdade factual", a realidade da força novamente se nos escapou. É aqui que

Leibniz localiza a diferença entre a compreensão científica e a filosófica do mundo. O cientista poderia se restringir a uma tal compreensão. Embora ela seja essencialmente equivocada, ela ainda nos fornece importantes *insights* da natureza. O filósofo, por outro lado, necessita ir mais adiante. Se a essência da força é atividade, enquanto uma dada força – conforme representada em seus efeitos sobre outras forças no mundo da natureza – ainda parece passiva, então a essência da força tem de ser algo diferente de sua expressão no espaço e no tempo.

A essa essência Leibniz chama de *mônada*, que significa, em grego, uma entidade una e indivisível. Para nossos propósitos, podemos aqui chamá-la de vontade ou de alma. A mônada é, então, a verdade metafísica da força física. À medida que há inumeráveis forças constituindo a realidade física, há igualmente inumeráveis mônadas e, como essas são essencialmente ativas, não podem ser vistas como efeitos de outras forças. Em outras palavras, a mônada não está no tempo e no espaço, mas sim tempo e espaço são representações dentro de cada mônada. Nada acontece a uma mônada, mas tudo que aconteceu, está acontecendo ou acontecerá a ela, é parte de sua concepção completa. Ou, antes, os únicos eventos que acontecem a uma mônada acontecem a ela graças a Deus – isto é, a criação da mônada e a sua destruição – mas esses não são eventos no interior de sua existência. Cada mônada consiste, então, na representação de seu mundo total a partir de sua própria perspectiva interna a ela. A mônada pode ser, então, chamada de substância individual.

Toda existência orgânica individuada, como "Karl", por exemplo, pode ser compreendida como uma relação entre um número dado de mônadas. Há forças governando a digestão, os movimentos límbicos, a respiração, a representação consciente, etc. Cada um desses pontos aponta para a mônada como sua realidade metafísica. Mas não acabamos de dizer que as mônadas não estão no tempo e no espaço, que elas não parecem ser capazes de formar um organismo? Não dissemos que as mônadas não se relacionam umas com as outras, que não há nenhum poder causal de uma sobre a outra? A resposta de Leibniz é que elas não precisam disso. Já que Deus criou todas as mônadas, a relação entre elas não é uma questão de uma relação física, mas sim de harmonia representacional. Cada mônada *é* a representação do mundo de sua perspectiva específica de uma maneira mais ou menos ativa. Com isso, podemos ver que "o mundo" não é alguma coisa que existe fora delas em um sentido real. Ao contrário, o mundo "como tal" existe apenas na mente de Deus como a totalidade das diferentes perspectivas de todas as mônadas. Isso é o que Leibniz chama de "harmonia pré-estabelecida".

O que isso significa para "Karl"? Antes de tudo, que ele não precisa ver sua mente ativa em oposição a um corpo material, passivo. Tudo é, por assim dizer, vontade ou mente, com as diferenças entre as mônadas dadas em seus graus de atividade. A mente consciente, aquela que tendemos a chamar de alma, é a mais ativa de todas as mônadas. Ela tem uma perspectiva mais ampla, ela representa mais de seu ser. Uma força do sistema digestivo, por outro lado, é muito menos consciente de si. Não obstante, cada mônada não é nada além de uma tal representação, qualquer que seja o grau de consciência que ela pode ter acerca disso. Daqui Nietzsche extrai sua compreensão da prevalência da "grande razão": "é um *insight* incomparável de Leibniz (...) de que a consciência é meramente um acidente da experiência e *não* seu atributo necessário e essencial; que (...) aquilo que chamamos de consciência constitui somente um estado de nosso mundo psíquico e espiritual (...) e de nenhuma maneira a totalidade dele" (GS 405). Esse *insight* dá origem à noção concreta do corpo.

Embora Leibniz fale aqui de mônadas, e não do corpo, essas mônadas são, antes de tudo, explicações da realidade de um tal corpo. E, para o pensador conhecer a si mesmo, ele não precisa mais deixar a realidade do mundo para se mover em direção a verdades universais, mas tem de retornar ao ser corpo vivo como a existência real do próprio mundo. Quando Nietzsche fala de impulsos e instintos como sedimentações históricas, quando ele fala que "você é *vontade de poder* e nada além disso", isso se torna inteligível somente por causa dessa compreensão da vontade como a realidade subjacente a toda existência.

Tendo feito esse atalho através de Leibniz, podemos retornar a nosso encadeamento principal iluminando a relação entre liberdade, destino e corpo. O "cientista", como disse Leibniz, compreende o mundo como essencialmente um jogo determinista de forças no qual não há sentido intrínseco e para o qual o pensamento e a liberdade permanecem estranhos. Nessa representação, a realidade essencialmente ativa da força é convertida em algo passivo. Em um tal mundo, compreendo a mim mesmo como passivo. O mundo frequentemente aparece somente como a soma total de todas as coisas que impedem minha própria expressão. Esse mundo é pleno de sofrimento; eventos acontecem a mim, restringindo minha liberdade. O movimento do intelecto de sua realidade fenomenal para aquilo que Leibniz chama de realidade inteligível das mônadas muda tudo. Aqui a mônada radicalmente escapa da determinação. O que quer que aconteça é uma atualização de minha própria existência. Minha felicidade não é mais contingente com base em uma afirmação de um mundo para além de meus poderes, nem com base em noções abstratas de uma liberdade de escolha. À medida que tudo que aconteceu, está acontecendo e acontecerá pertence ao meu próprio ser, a escolha que fará minha liberdade uma realidade é aquela a favor ou contra mim mesmo. Retrospectivamente, poderíamos já ouvir aqui o dito de Nietzsche relativo à realidade da liberdade na escolha de "vir a ser quem você é". Aqui uma noção de liberdade como autenticidade, como escolher a si mesmo, é contrastada à nossa noção abstrata de uma liberdade de escolha. Em resumo, a liberdade aparece aqui na forma de *amor fati*, como o amor do destino, e o fatalismo aparece, então, como o oposto do determinismo.

Se isso tudo soa um pouco abstrato, consideremos brevemente dois exemplos: um dado pelo próprio Leibniz no *Discurso de metafísica* e o outro pelo autor francês Denis Diderot em sua novela *Jacques, o fatalista*. No primeiro, Leibniz reflete acerca do significado moral da traição de Judas a Jesus Cristo. Primeiramente parece para Judas, certamente por causa da sua deliberação, que o ato que ele cometeria seria trair a confiança que Jesus havia depositado nele. Ele agiu dessa forma, com a consequência da prisão e da subsequente crucificação de Cristo. É o ato efetivo que muda sua compreensão. O que pareceu justificado na deliberação agora parece injustificado na realidade. Experenciando essa incompatibilidade entre o ato de pensamento e o ato cometido, Judas fica cheio de remorso e culpa. Consequentemente sua compreensão muda.

Foi de fato um ato mau? Ele certamente aparece como tal, tendo se tornado, inclusive, o ato paradigmático de traição. E, entretanto, ele aparece também como um ato concebido por outro que não o próprio Judas. A traição "dele" não era uma parte necessária da revelação de Deus? Se ele não tivesse traído Jesus Cristo, esse último nunca poderia ter se tornado Jesus Cristo, quer dizer, aquele que ao morrer na cruz significou o se tornar carne de Deus. Subitamente, aquilo que primeiro apareceu como um bom curso de ação, tendo se tornado depois uma realidade má, aparece novamente como algo bom. Mas isso apenas significa que a deliberação que precedia o ato pode ter sido equivocada. Por causa de uma deliberação errada, o ato teve um bom resultado. E, entretanto, Judas se dá conta de que sua ação não dependeu de todo do ato de deliberação. Deus não deixaria o destino do mundo a uma tal coincidência. Efetivamente, o que Judas experiencia aqui é aquilo a que o filósofo francês Jean-Paul Sartre irá mais tarde se referir com a expressão "deliberação é má fé", querendo dizer que basear a justificação de um ato na ideia de deliberação – isto é, "a minha ação estava justificada por essa e aquela boa razão e porque pensei nisso agi assim" – é encobrir a real motivação a partir de uma razão ideal, imaginada, que me absolve de minha responsabilidade. Se me perguntam: "Por que você faz isso?", respondo que "não sou eu o responsável, já que havia boas razões para fazer o que eu fiz". Judas compreende que ele não criou sua ação, mas que ela já estava ordenada, que, como as ações das tragédias gregas clássicas, tudo aconteceu por ele seguir seu destino, um destino que o levou à ruína. De maneira muito contraditória, sua defesa contra a acusação de ter agido mal poderia ser baseada nas seguintes afirmações:

a) nenhum ato mau foi cometido, visto que o ato da traição levaria ao bem maior da Revelação;
b) ele não poderia ter agido de outro modo e não pode ser chamado, então, de culpado.

O *insight* mais significante se segue dessa contradição: falando logicamente ele é agora absolvido de responsabilidade e, entretanto, isso o deixa com nada, à medida que toda a sua vida parece agora vazia. Ele não poderia ter feito de outra maneira; ele nem mesmo poderia ter se tornado o seguidor mais leal de Cristo, nem ele poderia se gabar de seu ardil ao divisar o ato da traição. Tudo o que permanece é que ele é aquele que traiu Jesus Cristo. E a única escolha que lhe restou é ou afirmar ou negar isso, seu próprio ser. "Tornar-se o que se é significa, então, tomar seu ser para si mesmo, isto é, vir a amar seu destino. Aqui, na compreensão que Leibniz tem de Judas, podemos encontrar o começo de uma longa tradição no pensamento filosófico, desenvolvida em Hegel, depois em Nietzsche e, mais recentemente, nas filosofias de Sartre e de Heidegger, em cada caso contrastando fortemente a noção de liberdade como autenticidade à noção abstrata de uma liberdade de escolha.

Não é difícil ver aqui a visão trágica do mundo que Nietzsche investigou em muitos ensaios escritos durante a década de 1870. Nem é difícil ver a relação entre o exemplo de Leibniz referente a Judas e a famosa tragédia de Édipo, que involuntariamente mata seu pai e casa com a própria mãe, tendo de assumir a responsabilidade por essas ações ainda que ele não soubesse o que estava fazendo. A história de Édipo é paradigmática pelo fato de primeiramente seus pais, e depois ele mesmo, tentarem fugir desse destino, embora essa fuga acabe por se mostrar após o fato como essencial para esse destino enquanto tal. Em outras palavras, o que quer que se faça, não se pode escapar do destino. O mundo não poderia ser de outra maneira e tudo o que resta é afirmar ou denunciar essa vida.

Poderia alguém objetar que uma tal ideia de fatalismo somente dá um tom cor de rosa a uma má realização, a saber que não se tem nenhuma escolha acerca das próprias ações? O que distingue uma tal ideia de fatalismo de uma ideia mais materialista de determinismo? É certo que se poderia dizer que o determinista perde a si mesmo no mundo, que ele não pode encontrar nenhum significado em sua existência, ao passo que todo significado sempre afundou no passado, enquanto o fatalista encontra a si mesmo no mundo de suas ações. Contudo, a diferença real é, de novo, não uma de deliberação, de pensamento acerca de mim mesmo no mundo, mas de ação. Vimos acima que Leibniz compreende o mundo em termos da noção de atividade. Algo tem mais realidade quanto mais ativo é e, conversamente, algo passivo não poderia existir mesmo por um segundo. Essa noção de atividade nos levou para longe da prevalência da "pequena razão", a mente concentrada e abstrata, como o ponto determinante da nossa existência. Para medir o êxito de qualquer ideia de liberdade, temos, então, de ver como ela muda a atividade do agente. Uma experiência desse tipo é descrita em *Jacques, o fatalista*, de Denis Diderot. Esse romance segue principalmente os eventos nas vidas de dois personagens, o criado Jacques e seu senhor. Eles viajam através da França discutindo temas filosóficos. Nessas discussões, Jacques tenta convencer seu mestre de que tudo que acontece e que toda a ação que se pode fazer já estava escrita no "livro" que há no céu.

Em um momento do romance, Jacques e seu senhor chegam a uma pequena estalagem e se sentam para comer. Subitamente, soldados saqueadores, armados e perigosos, entram na estalagem e exigem que toda comida e todo vinho sejam servidos somente para eles. Todo mundo fica quieto, olhando para o outro lado enquanto o proprietário faz o que lhe foi ordenado. Então Jacques sai do seu lugar e ataca os soldados. Como eles são completamente surpreendidos, ele arruma um jeito de trancá-los em um cômodo adjacente antes que eles compreendam o que aconteceu. Retornando ao seu lugar, seu senhor, tremendo e sem uma gota de sangue em seu rosto, pergunta a ele como ele pode arriscar sua própria vida e felicidade dessa maneira, e Jacques, como se poderia esperar, responde a ele que ele não tinha tido nenhuma escolha, que estava dito no livro que isso era o que ele faria e ele, então, o fez.

Nesse romance, tal como no texto de juventude de Nietzsche "Destino e História", o fatalista é retratado como o ser humano mais ativo e, isso quer dizer, o mais livre. Enquanto o senhor, o proponente da ideia de uma liberdade de escolha, aparece como um caráter fraco, que nunca age, pois está sempre com medo de fazer alguma coisa errada, Jacques simplesmente age. Aqui a distinção entre o determinista e o fatalista aparece mais claramente. Se Jacques fosse um determinista, ele simplesmente não poderia agir. Primeiramente, porque nada poderia ser chamado de ação sendo desprovido de significado e, em segundo lugar, porque o determinista constantemente diria "eu não ajo: foram meus genes egoístas", por exemplo. O fatalista, em contraposição, encontra a si mesmo em sua ação, encontra o sentido de sua própria existência.

Retornando a Leibniz, podemos encontrar em seu pensamento a maior parte das características da filosofia de Nietzsche da vida. Há substâncias individuais experenciando sua existência no mais elevado sentido de liberdade como destino. Há, para escapar ao dualismo grosseiro entre substâncias passivas e ativas, um movimento em direção à compreensão do todo da existência a partir de sua ideia de liberdade. E há, portanto, a tentativa de compreender o mundo em sua verdade como livre da causação mecânica, ainda que a partir da noção de força, tal como a caracteriza o surgimento da era da ciência clássica. É por essa razão que o pensamento de Leibniz é compatível mesmo com a ciência do século XX, de modo que escapa de sua atmosfera determinista.

E, contudo, a mônada leibniziana é uma ideia de uma substância individual concebida como alma ou como mente. Em outras palavras, Leibniz é um idealista, o que significa que ele pensa a verdade como pertencendo unicamente à alma. Ao final, tal como ele argumenta, a verdade somente pode ser verdade à medida que escapa da natureza acidental da experiência. Saindo da ciência para a filosofia, isso significa compreender que, em verdade, todo possível acidente inere ao sujeito em questão, o que significa dizer que toda verdade é necessariamente tautológica. Para dizer isso mais claramente, fatalismo é aqui a ideia de um puro ser si mesmo. O ideal para uma mente autoconcentrada, abstrata é pura autossubsistência, atualizando a si mesma através de si mesma. Já vimos isso em que o mundo e a extensão do espaço e do tempo são meras representações internas da mônada. Seu único *pathos* é ter sido criada por Deus e saber que ela será, por sua vez, destruída por Deus.

O ideal da mônada consiste, então, em pura autoafecção, encontrando o mundo completo dentro de si. Se esse mundo, se voltando contra essa compreensão, se impõe a ela, a mônada se voltará instintivamente para a passividade ou, quando essa passividade não é possível para algo essencialmente ativo, para a reação. A vida compreendendo a si mesma desse modo, tal como em Darwin, virá a compreender sua força primária como uma vontade de autopreservação e, assim, uma vontade passiva defendendo a si mesma contra o mundo. Isso, entretanto, tal como Nietzsche afirma, é absurdo. Substituindo o Deus de Leibniz pela ideia de uma história efetiva e, assim, a de alma pela de corpo – substituindo, então, a noção de harmonia pré-estabelecida pelo abismo assustador entre verdade e arte ou, em outras palavras, substituindo o divino pela criação humana – muda a noção de vontade completamente. Não mais compreendida como a realidade metafísica da força, a vontade como corpo permanece essencialmente ativa. Ela não é vontade de si, mas, ao contrário, concretiza a si mesma em pura afecção, quer dizer, como relação com o mundo. Falar de uma pura afetividade aqui significa que o corpo não permite a oposição entre interior e exterior, entre verdade interna e expressão externa.

De fato, Nietzsche continuamente denuncia uma tal oposição entre interno e externo como uma consequência da cultura romana, quer dizer, como uma consequência da decadência. Tudo o que esse corpo faz é ato e ele *é* essas ações e nada além disso. Pondo de maneira mais simples, enquanto uma mente abstrata pode ser compreendida como sendo a mais livre e a mais independente do mundo, o corpo é tão mais livre quanto mais ele pode se relacionar com o mundo. Veremos isso de maneira muito mais detalhada quando nos voltarmos para a noção de *vontade de poder*. Basta aqui compreender a relação entre o corpo e o filosofar de Nietzsche como baseado na noção de destino, isto é, como não transcendendo o plano da história, como uma atualização da liberdade na tentativa de vir a ser o que se é.

Vimos que a noção de destino permite uma afirmação da vida. Precisamente porque não se medita acerca de como as coisas poderiam ter ocorrido de outra maneira, porque não se foge de si mesmo, mas se encontra a si mesmo, pode a experiência de liberdade que nós temos encontrar expressão no modo em que vivemos no mundo. Mesmo pequenos exemplos podem iluminar esse ponto. Se alguém pensa em mudar para um outro país por causa de uma imagem altamente idealizada que tem desse país, o mais provável é que venha a se arrepender. Nada pode sobreviver a tais expectativas e, finalmente, a pessoa começa a se ressentir de todas as muitas imperfeições. Se, por outro lado, acaba-se no mesmo lugar, nunca tendo planejado ou contemplado uma tal mudança antes, colocado lá pelo destino, por circunstâncias que nunca deixaram claro onde elas poderiam conduzir, o mais provável é que a pessoa seja mais capaz de afirmar essa vida. Em Leibniz, essa afirmação toma a forma da compreensão de que este é o melhor de todos os mundos possíveis. Esse juízo não se deriva de uma comparação de muitos mundos possíveis, mas principalmente de compreensão da criação divina. A afirmação de Leibniz de que este é o melhor dos mundos possíveis permanece, então, puramente formal. Nietzsche ridiculariza essa solução para o problema de uma afirmação da vida por causa de seu caráter abstrato. Lendo *O valor da vida*, de Duhring, de 1865, ele anota: "Se este é o melhor de todos os mundos é uma questão absurda: não temos nenhuma ideia das possibilidades variantes" (8/134).

A afirmação trágica da vida, por outro lado, pode justificar a existência até mesmo do "pior de todos os mundos" (BT § 25, p. 115), e essa afirmação pode fazer isso precisamente porque não sofre da separação entre mente e corpo. À medida que a tragédia grega vê a noção de destino em relação ao corpo, sua afirmação não se restringe à forma pura de um juízo ideal, mas é ela mesma um esforço, uma valoração prática que é, em seu esforço, idêntica àquilo que ela julga. Tal como Spengler mostra, de maneira muito convincente, em seu *O declínio do ocidente*, a compreensão grega, clássica do fatalismo repousa não sobre a distinção filosófica entre instâncias e universais, com suas tendências idealistas, mas sim sobre o "eu empírico", isto é, sobre o corpo ou, em grego, o *soma*. Então "Édipo se queixa que Creonte tenha violado seu *corpo vivo* e que a profecia diz respeito a seu corpo vivo" (*Declínio* 169). É essa centralidade do corpo com respeito à afirmação trágica da vida que coloca Nietzsche em oposição ao idealismo tanto quanto ao materialismo, à filosofia tradicional tanto quanto às ciências naturais modernas.

A partir da elucidação dessa relação entre a liberdade, o *amor fati* e o corpo, estamos agora em posição de entender muito mais claramente os seguintes dois pontos. Eles concernem ao assim chamado "irracionalismo" de Nietzsche e à sua, algumas vezes irritante, megalomania. Que há algo errado acerca dessas acusações já é claro no fato de que Nietzsche frequentemente parece incorporar o oposto, a saber um raciocínio inexorável e uma modéstia radical. Mas, de novo, essas aparecem como contradições somente a partir de uma perspectiva do entendimento. Esclareçamos esse ponto. Lemos em sua autobiografia *Ecce Homo*, no quarto capítulo, intitulado "Por que eu sou um destino":

> Eu conheço meu destino. Um dia a memória de algo fantástico será ligada ao meu nome, – a uma crise como nunca houve na Terra, à mais profunda colisão da consciência, a uma decisão evocada contra tudo que até agora foi acreditado, exigido e considerado sagrado. Eu não sou um ser humano, eu sou dinamite. (6/365)

Uma tal sentença tem de permanecer quase sem sentido da perspectiva do entendimento. À medida que o entendimento funciona analiticamente, seu ideal é o mecanismo. Isso significa que o entendimento compreende algo tão logo identifique sua causa. De fato, podemos pensar a verdade como a adequação entre uma sentença e um estado de fato, é possível precisamente ao passo que nós aqui compreendemos a relação linguística entre sujeito e predicado em analogia à relação "física" entre causa e efeito. Essa também é a razão de por que o entendimento nunca será capaz de compreender um ato de liberdade, já que um ato relacionado à sua causa é também compreendido como um ato dependente. É por isso que, tradicionalmente, a questão da liberdade tem sido compreendida como uma questão metafísica ou teológica e, mais tarde, especialmente na filosofia crítica de Kant, como incompatível com o mundo do entendimento. E vimos acima que o mesmo vale para Leibniz, pois o "cientista" compreende o mundo como se não houvesse liberdade nele, enquanto somente o filósofo compreende que a verdade desse entendimento repousa na intuição da liberdade mesma.

Embora esse problema tenha sido geralmente compreendido por meio da diferença entre razão e entendimento, Nietzsche o compreendeu na diferença entre a "pequena razão" e a "grande razão". Para a pequena razão, a afirmação de Nietzsche acima é a expressão de uma *hybris* irrazoável. Mas esse juízo não ocorreu devido a nenhuma questão real concernente ao pensamento de Nietzsche, mas devido à impossibilidade geral de grandeza. Se tudo pode ser referido a uma causa, se a tudo pode ser, assim, negado grandeza, então a própria grandeza se torna impossível. A "pequena razão" – isto é, a representação simples do mundo diante de uma consciência independente – é meramente destrutiva. Ela pretende ser apta a julgar tudo sem ser apta nem para criar nem para entender a criação. Essa "pequena razão", tendo reinado sobre o pensamento europeu contemporâneo, representa uma esperteza sem verdade, despojada de vida. O que ela chama de real e concreto são fatos meramente julgados sem qualquer valor intrínseco. Tal como o "biólogo determinista", os homens modernos poderiam ainda ter uma intuição de liberdade e da vontade, mas não podem mais entreter essa intuição no modo como eles compreendem a si mesmos e ao mundo.

Da perspectiva do grande ser humano, não há aqui ideia de megalomania. César, Platão, Leibniz, Newton, Napoleão, Goethe, Hegel ou Nietzsche, por exemplo, não se orgulhavam de suas conquistas, precisamente porque lhes apareciam como destino, isto é, de acordo com a experiência de que eles não poderiam ter agido de outro modo. Nietzsche, por exemplo, não se orgulhava de ter encontrado a verdade, mas experencia a verdade como "falando através dele" (6/365). Essa verdade pode falar através dele porque ela se tornou nele "carne e gênio" (6/365). Por que isso aconteceu é uma outra questão, mas uma que não poderia ser proposta significativamente, já que o "porquê" se refere a uma possível causa, enquanto o fatalismo tanto quanto a intuição da liberdade evitam a representação do mundo na imagem da causalidade.

> Enquanto Napoleão faz o que faz, os filósofos não possuem o direito de ser indivíduos: não temos o direito nem de errar nem de atingir a verdade individualmente. Ao contrário, nossos pensamentos, nossos valores, nossos sim e não, nossos se isso e se aquilo, crescem de nós com a mesma necessidade com que de uma árvore crescem seus frutos. Todos ligados uns em respeito aos outros. Testemunhas de uma vontade, uma saúde, de um reino sobre a Terra e um sol. (5/248f)

2
História como criação de si

O produto do filósofo é a sua vida

Aprendemos que pensar é, para Nietzsche, muito mais do que apenas estar de posse de boas ideias construídas de uma maneira coerente. Na medida em que o pensamento está essencialmente ligado ao ser de uma pessoa e, mais concretamente, ao corpo vivo, o pensar, o ensinar e a educação devem ser compreendidos de acordo com esse ser. Enquanto crenças, opiniões ou ideias podem ser trocadas como se troca de meias, o verdadeiro conhecimento filosófico é algo que eu não apenas tenho, mas que concerne ao meu próprio ser. Nesse ponto, também, Nietzsche retorna a Platão, para o qual o fato do conhecimento é o que caracteriza o ser humano em sua existência mesma. Pela mesma razão a questão da educação se encontra no coração das filosofias de Platão e de Nietzsche. Em termos platônicos, pode-se compreender a educação como o cuidado com a finitude do ser humano. O conhecimento não é aqui apenas o conhecimento abstrato que tenho acerca de certas coisas, mas sim que eu tenha conhecimento de ideias é a razão porque eu posso, em primeiro lugar, experenciar o mundo.

Quando falamos hoje de comportamento animal em termos de behaviorismo, levando-nos a dizer que o antílope, por exemplo, não vê um leão para então decidir que deveria fugir, mas sim reage de acordo com um mecanismo estímulo-resposta simples e imediato, então essa convicção é platônica. Daí podemos ver que compreendemos o animal como ligado ao presente, enquanto o conhecimento liberta o ser humano e o remete para além da duração temporal. Somente o ser humano vê, ouve e toca um mundo, na medida em que o conhecimento de ideias permite dobrar a realidade para ver algo *como* algo. Então, quem eu sou e o que posso fazer dependem ambos da questão do conhecimento. No que se segue, iremos, assim, elaborar a relação que nosso conhecimento tem com as questões de educação e história. Tendo feito isso, estaremos na posição de compreender os ensinamentos fundamentais de

Nietzsche, a saber, o pensamento da história europeia da perspectiva da *morte de Deus* e suas respostas a esse niilismo na forma da doutrina do *eterno retorno do mesmo* e a compreensão do mundo como *vontade de poder*.

O CAMINHO PARA A SABEDORIA: CAMELO, LEÃO, CRIANÇA

Platão e Nietzsche concordam igualmente com a afirmação de que o conhecimento não é algo dado a mim, já pronto, por um professor. Antes, o conhecimento é algo que eu implicitamente sempre tive dentro de mim, sendo a tarefa do professor torná-lo explícito, tornando-o, por esse meio, literalmente realidade para mim, isto é, tornando-o realidade na minha existência. Isso é o que Platão chama de ensinamento maiêutico, comparando, assim, o professor a uma parteira que meramente facilita a realização do conhecimento do estudante. A educação de seus estudantes é, então, a mais elevada tarefa da república e é ela própria uma tarefa política. Acabamos de ver que Platão realiza a distinção entre a existência humana e a animal em função desse fato do conhecimento.

Entretanto, antes de tudo, esse conhecimento é apenas implícito e, dessa maneira, a educação é uma tarefa dirigida à essência do ser humano. Para dizer isso em outras palavras, o ser humano não é livre, ele *se torna* livre. O ser humano é compreendido como livre na medida em que pode saltar sobre os limites imediatos do que é dado. Esse saltar sobre é chamado de *transcendência*. Essa transcendência não é, contudo, um mero atributo da humanidade, mas o resultado de práticas, a saber a educação e a contestação política. Em outras palavras, a verdadeira liberdade reside em ser a essência do ser humano tarefa de toda a humanidade. A transcendência não é apenas dada pelo fato do ser humano saltar sobre os limites do presente, mas pelo fato de que, ao fazer isso, ele salta em direção à sua própria essência.

Mas saltar em direção à sua própria essência significa que o ser humano não é apenas o que ele é, mas que ele se dá para si mesmo apenas em seu devir. Esse *insight* reside na raiz tanto a demanda nietzscheana de "vir a ser o que se é" e sua afirmação relativa à "importância infinita de nosso conhecimento, de nossos hábitos e modos de viver para tudo o que está por vir" (9/494). Essa afirmação provém de uma primeira elaboração do pensamento do *eterno retorno do mesmo*, o qual ocasiona uma decisão acerca de se o ser humano, após a morte de Deus, se torna animal ou *além do homem*. Na era do niilismo europeu, na qual o homem é reduzido à sua existência econômica, perdendo seu *insight* da importância ontológica do conhecimento nesse sentido mais amplo, a interpretação platônica do ser humano como meio animal e meio divino se torna impossível.

Esse *insight* do perigo da vida contemporânea influenciou muitos pensadores do século XX. Assim, em um texto chamado *O olho e o espírito*, o filósofo francês Maurice Merleau-Ponty afirma que uma vez que nossas ideias de "processos de informação natural" concebidas de acordo com o

> modelo de máquinas humanas (...) estenderam seu domínio sobre a humanidade e a história (...) então, desde que o homem realmente se torna o *manipulandum* que ele se considera ser, entramos em um regime cultural onde não há nem verdade nem falsidade concernente ao homem e à história, entramos em um sonho, ou pesadelo, do qual não há nenhum despertar. (Eye 122)

O que Merleau-Ponty deve aqui a Nietzsche é o *insight* de que aquilo que consideramos ser pode como tal se tornar verdade. Isso poderia ser um erro, mas acabamos de ouvir acerca da "importância infinita de (...) nossos erros (...) para tudo o que está por vir". O conhecimento não é, então, apenas uma observação objetiva de fatos, mas determina nosso ser futuro. Um dos maiores perigos de nossa era é, daí, identificado por Nietzsche como a "ausência de um sentimento para a importância de conhecimento" (7/542). E enquanto podemos falar hoje acerca de uma tal importância, ela é geralmente reduzida à utilidade da economia, perdendo com isso completamente o significado verdadeiro da educação.

A educação verdadeira é, consequentemente, direcionada para o tornar-se humano e esse tornar-se humano é direcionado para o cuidado de sua própria essência, o que a torna uma tarefa propriamente política. Isto é, o ser humano não pode ser concebido em isolamento, mas já está sempre em uma comunidade, e como o caminhar em direção à sua própria essência somente pode ser compreendido, então, como tarefa histórica da comunidade humana, Nietzsche compreende a realidade humana como o cultivo da humanidade e como "a grande política". O ser humano, então, nunca coincide consigo mesmo, mas encontra a si mesmo no futuro coletivo. Ou, se ele interpreta sua própria existência como coincidindo consigo próprio, ele irá perder a si mesmo e se tornar um "animal". A contestação da questão do que o ser humano deveria ser e como ele deveria viver em comunidade é, então, a tarefa política mais elevada e é por essa razão que os maiores educadores são também os guardiões da cidade. É a participação na contestação dessas questões políticas na praça do mercado, a *ágora*, que decide acerca desse tornar-se humano, e quem quer que esteja excluído dessa contestação não é visto como ser humano. Ser excluído da *ágora* significa estar restrito ao *oikos*, quer dizer, às questões domésticas ou ao que atualmente chamamos de *economia*, uma palavra diretamente derivada do grego *oikos*.

Já nos deparamos com a diferença principal entre Platão e Nietzsche nessa questão da educação e de seu significado ontológico: enquanto, para Platão, o conhecimento é uma posse ideal da memória da alma, Nietzsche o compreende como parte da história do corpo vivo. Isso significa dizer que os instintos, os impulsos e as convicções habituais são uma memória histórica que se tornou carne. Esses instintos e impulsos, fazendo parte de nosso conhecimento, são as sedimentações das crenças e convicções de nossos ancestrais, que se tornaram autoevidentes por meio dessa sedimentação. Quando pensamos os impulsos e instintos como "naturais", questões que eram, para Platão, filosóficas tornam-se, para nós, "fatos da natureza".

Mas, tão logo tomamos a educação como dirigida ao corpo vivo, não é surpreendente que Nietzsche frequentemente se refira a ela com os termos *Zucht* e *Züchtung*: disciplina e criação.* Essas concepções conduziram a muitas incompreensões, pois elas aparecem para nós, à primeira vista, racistas e essencialmente antidemocráticas. Enquanto não há nenhuma dúvida de que Nietzsche é explicitamente antidemocrático, argumentando consistentemente contra as ideias do socialismo, deveríamos ser cuidadosos para não concluir a partir disso que ele tem de necessariamente ser de direita ou mesmo um fascista. Pelo menos, seu texto mostra com clareza que seu pensamento não é nem antissemita nem racista em termos gerais.

A democracia moderna e o socialismo são doutrinas que surgem do Iluminismo, especialmente do humanismo kantiano. Um tal humanismo aporta igual valor para cada e todo ser humano e ensina a igualdade de todos os seres humanos. Ela diz que todos os seres humanos deveriam ter direitos iguais, pois eles essencialmente são iguais em seu ser. O humanismo de Kant é, portanto, aquele que convoca todos os seres humanos a abandonar a sua dependência de autoridades outras que a razão universal. Quando ele nos convoca a "ousar pensar" por nós mesmos, faz surgir nossa convicção de que cada um é capaz de desenvolver uma maturidade de juízo, de maneira a tomar parte no autogoverno do povo. Esse humanismo foi desenvolvido na época da Revolução Francesa e das subsequentes Guerras Napoleônicas, que prometiam livrar a Europa da injustiça da monarquia e das consequências violentas do nacionalismo, tendo originado vários discursos sobre liberdade e igualdade que catacterizaram a política europeia desde então.

O que poderia estar errado com esse humanismo, considerando especialmente que Nietzsche, sendo um dos primeiros defensores de uma Europa unida, compartilha a crítica do nacionalismo? De fato, a crítica de Nietzsche do socialismo e da democracia não está primariamente dirigida contra sua doutina da igualdade de direitos. O problema com o humanismo é antes que ele reclama um valor absoluto para cada existência humana. Se todos os seres humanos possuem um tal valor, então esse valor tem necessariamente de ser absolutamente independente daquilo que um indivíduo tenha feito ou poderia fazer e é, igualmente, independente de toda história e de todo devir. Quando

---

* N. de T.: O termo *Züchtung* é usado cotidianamente em referência à criação de animais ou ao cultivo de vegetais.

Kant fundamenta a experiência humana na noção de uma subjetividade transcendental, ele retira sua forma de subjetividade não apenas do desenvolvimento histórico, mas, em geral, da noção de tempo. Em resumo, um sujeito humano concebido sob uma forma universal não muda nunca, encontrando por meio disso a igualdade de todos os seres humanos, quaisquer que sejam suas circunstâncias ou ações.

Mas a liberdade, de acordo com Platão e Nietzsche, é concreta somente quando se dirige para a essência do ser humano, o que significa que o ato livre está voltado para a minha existência mesma, não a deixando indiferente. Mas se o sujeito kantiano é simplesmente o que é, então isso torna impossível uma tal liberdade. Uma tal interpretação faz com que o ser humano coincida com a sua essência e seja, então, de acordo com Nietzsche, niilista.

Há dois pontos que temos de considerar:

1. Kant parece consciente desse problema quando escreve na *Crítica do juízo* que sua filosofia produz a incompatibilidade entre a filosofia teórica e a prática, quer dizer, do nosso conhecimento do mundo objetivo, por um lado, e da nossa experiência da liberdade, por outro;
2. olhando para a filosofia moral de Kant, podemos considerar que um ato moral deveria ser julgado com base apenas no mérito de sua intenção, de maneira a eliminar todos os fatores adversos, os acasos da sorte ou os desastres, por meio dos quais circunstâncias além de nossos poderes de ação ou reflexão poderiam ter tornado boa uma má intenção.

Mas isso significa assumir uma perspectiva idealista sobre moralidade, subtraindo dela a realidade da ação moral.

De acordo com o Iluminismo, o ser humano é de valor absoluto. O que quer que ocorra, esse valor não pode ser diminuído nem aumentado. A ação política como uma ação essencial se torna impossível e a própria história perde todo sentido e direção. Nietzsche chama essa ideologia do humanismo de a ideologia do *último homem*. Todos já encontramos esse ponto em uma passagem do *Anticristo* na qual Nietzsche chama de último homem aquele que "é tudo e não sabe que caminho tomar" (AC 125). Esse é, então, o *último* homem por seu próprio decreto, já que ele disse que nada pode se alterar na forma da subjetividade humana, pois ele fez a si mesmo independente da torrente do tempo histórico. É verdade que encontramos em Leibniz um filósofo que compreende a ação como uma questão moral, mas vimos que nele a ação era compreendida como uma posse ideal da mônada e que, consequentemente, o tempo é visto meramente como a sequência de momentos por meio dos quais eu tomo posse de mim mesmo, enquanto esse eu [*self*] e tudo o que pertence a ele já estava, em verdade, sempre dado.

Não sabemos para onde ir precisamente porque já somos tudo; em outras palavras, porque nós não podemos *vir a ser* nada, de modo que a vida, a ação e o pensamento se tornam cada vez mais desprovidos de sentido. Se alguém já nasce perfeito, então nada essencial resta a fazer enquanto vivo. A própria vida, então, se torna algo indiferente. Isso é porque Nietzsche chama essa modernidade o tempo do *último homem*, na medida em que falta a ele futuro e promessa. Esse *último homem* coincide com ele mesmo, o que significa dizer que ele não tem futuro e é essencialmente solitário. Não é difícil ver que, dado sua essência em pensamento puro – isso é, na sua representação consciente – esse *último homem* venha a se tornar ele mesmo um fato.

O humanismo retrata o ser humano como alguma coisa já feita [*ready--made*]; ele veio a ver hoje em dia a educação como um simples processo de estufar os jovens de informação e habilidades transferíveis, de tal maneira que eles possam se afirmar na economia. Mesmo a universidade tem hoje de se sujeitar a demandas econômicas, seja isso com respeito ao incremento da economia local ou em relação a ganhar a competição entre as economias nacionais, enquanto Nietzsche, em *Sobre o futuro de nossas instituições de ensino*, argumenta que as instituições educacionais, os colégios e universidades deveriam, por causa de sua tarefa política, ficar acima do estado e independente dele.

O *último homem* está se tornando um fato, e um fato é alguma coisa dada clara e distintamente, no presente. Enquanto ele é algo que "foi feito", ele não está concernido com seu passado tal como pode ser claramente compreendido a partir do presente. Um tal ser é necessariamente parte do mundo visto como mecanismo, ou, como vimos acima, de animais caracterizados por Descartes como aqueles seres aos quais falta uma alma. E, de fato, enquanto o humanismo dizia, por um lado, que seres humanos possuem um valor infinito, seu lado científico diz, por outro lado, que não há diferença essencial entre animais e seres humanos. Observando o behaviorismo e a teoria genética do "gene egoísta" podemos ver que, sendo tudo, o ser humano não vem a ser nada. Isso não significa dizer que a modernidade não tenha gerado um certo tipo de ser humano. Seus valores de objetividade, veracidade, racionalidade, etc. levaram a uma homogenização da existência humana, de tal forma que sentindo o mesmo, vendo o mesmo, experienciando o mesmo e querendo as mesmas coisas a comunidade é hoje mais forte que nunca e se estende mais do que antes, em direção a uma expansão universal que chamamos atualmente de cosmopolitismo ou mesmo de "aldeia global". Mas a modernidade fez isso precisamente ignorando que ela o fez, ou, como Nietzsche diz, nós geramos o ser humano acidentalmente. Educar conscientemente significa, por outro lado, fazer da comunidade uma realidade, não como a soma total de particulares idênticos, mas em termos de diferença social: "Poderíamos, por meio de invenções felizes, educar o grande indivíduo de maneiras outras e mais elevadas do que tem sido feito até agora acidentalmente. Essas são as minhas esperanças: a criação de seres humanos eminentes" (8/43).

A ideia de criação não é algo novo, dado que podemos encontrá-la no desenvolvimento de toda cultura. A *Genealogia da moral* evidencia, em particular, esse ponto muito claramente, a saber que a religião, o estado, as várias instituições, de escolas e universidades ao sitema penal e instalações militares estão todos engajados em submeter os seres humanos a uma forma. Como Nietzsche diz nesse livro: "nós, modernos, herdamos milênios de vivissecação de consciência e tortura animal inflingida a nós mesmos: temos mais prática nisso, somos talvez artistas nesse campo..." Contudo, mais essencialmente, são essas práticas que dão origem à duração do ser humano através do tempo, à sua memória – e, assim, sua existência histórica –, à transcendência – e, então, liberdade humana. A mais essencial dessas práticas de criação com relação à abordagem fundamental da verdade são as práticas gregas de retórica e o impulso para a objetividade no desenvolvimento das ciências. À medida que aqui, no discurso jurídico e na prática científica, é desenvolvida uma noção de verdade como promotora de justiça para as coisas, elas se tornam efetivas por romperem com o horizonte estreito do interesse próprio. A questão toda da história se reduz, então, a perguntar a nós mesmos que meios culturais são necessários para criar um animal que faz promessas a si mesmo acerca do futuro, quer dizer, que pode manter uma promessa mesmo contra suas próprias inclinações, um animal com memória e que pode falar a verdade.

A educação é, então, para Nietzsche, não apenas uma tarefa de iluminar a consciência com verdades abstratas, mas é no sentido próprio da palavra alemã uma *Bildung*, isto é, um processo do formação, um processo de modelagem, ou, como Nietzsche chama posteriormente, a forma mais essencial de criação. A esse respeito, ele sempre parece permanecer próximo da ideia de Platão de uma grande política tal como delineada mais essencialmente nas *Leis*. Encontramos muitos pontos nos quais o pensamento de Nietzsche concorda com o de Platão e o mais essencial deles é o de que todo o propósito da filosofia é a *paideia*, quer dizer, uma educação no sentido mais essencial de formar o ser humano no que diz respeito à formação de uma sociedade política. Uma tal educação é, então, a mais essencial tarefa de uma comunidade política e, na medida em que a formação do estado está igualmente em jogo nela, essa educação tem de permanecer independente de qualquer estado existente.

A primeira e mais proeminente tarefa da educação é criar um animal que possa prometer a si mesmo, isto é, um animal que exista no tempo e que, então, não coincida consigo mesmo como um fato o faz, mas sim que encontre sua essência no futuro. E é precisamente quando a sua essência reside no futuro é que não encontramos no ser humano muita coisa que seja fixada: "o novo reformador vê os seres humanos como argila. Através do tempo e das instituições tudo pode ser construído neles, pode-se torná-los animais ou anjos. Dificilmente há neles algo sólido. "Reforma da humanidade!"" (8/355).

Mas seria um equívoco ver uma diferença essencial aqui entre a tarefa metafísica da formação do ser humano, por um lado, e o comportamento cotidiano dos seres humanos, por outro. Uma das mudanças radicais de perspectiva do corpo na nossa compreensão de filosofia é que ela abre a perspectiva do cotidiano. O filósofo não vive mais em sua torre de marfim, da qual pode vistoriar os grandes problemas da humanidade, para julgar as grandes questões da liberdade, da existência divina e da imortalidade. Em vez disso, essa noção de educação tem de levar em conta as menores diferenças na vida dos seres humanos. Já vimos um exemplo: enquanto Platão pode denunciar a mundaneidade dos sofistas, meramente preocupados em ganhar dinheiro com meios retóricos, Nietzsche discerniu nessas mesmas práticas a origem de nossa vontade de verdade. Ele igualmente insiste que devemos prestar atenção às menores coisas:

> Toda formação de hábito [digamos, de um alimento específico, por exemplo, café, ou de uma administração específica do tempo] conduz finalmente à criação de um tipo específico de seres humanos. Portanto: olhe para a sua vida! Examine as menores coisas (...) elas pertencem ao seu tipo, ao seu propósito? (9/525)

Olhando para a história podemos dizer, então, que qualquer era à qual atribuamos a ideia de grandeza tem de mostrar signos de uma prática intensificada de criação, em que a grandeza dessas conquistas pode ser mensurada com respeito à liberdade do ser humano. Enquanto poderíamos pensar que hoje o ser humano é mais livre do que era na época das cidades-estado gregas, que repousavam economicamente sobre a escravidão, já vimos que a liberdade não pode ser redutível à questão de ser capaz de tomar quaisquer decisões indiferentes conscientemente, mas requer uma percepção concreta de si mesmo construída sobre uma multiplicidade de perspectivas sobre o mundo, cujo produto é a compreensão de que a vida era, pode ser e será de outro modo do que aquele em que ela se apresenta para mim na necessidade imediata do meu presente factual. "Onde quer que encontremos grandeza, podemos discernir uma prática diligente de criação, por exemplo, nos gregos", diz Nietzsche, e se admira: "como era possível para tantos deles atingir a liberdade?" (8/46).

Uma tal era pode lançar sua sombra sobre muitos milênios de história e foi isso, precisamente, que a era grega fez. A era grega não é apenas o berço da cultura europeia. Ela não apenas determinou todas as ideias que entendemos concernentes à metafísica, à teologia, à moralidade, às artes, à cultura e à existência humana em geral. Não é de se estranhar que ainda falemos grego quando dizemos *filosofia*, *tecnologia* ou *economia*, mas qualquer ideia de criação real parece possível somente retornando ao solo grego de pensamento, tanto que Alfred North Whitehead (1861-1947), um famoso filósofo inglês, disse que toda a filosofia não é nada além de notas de pé de página a Platão. Dois dos exemplos principais de Nietzsche são o do Renascimento, que, como uma das mais grandiosas eras da história recente, pôde criar somente compreendendo a si mesma como um *renascimento* da era grega, sem copiá-la, e o da filosofia alemã, cuja grandeza está em redescobrir o antigo solo grego. Um outro exemplo é a nossa educação humanista, que é sempre e ao mesmo tempo uma educação clássica. Isso não significa que tenhamos de nos encher de dados acerca da era grega, mas antes, como Karl Jaspers diz, seguindo Nietzsche: sem uma educação clássica, sem ter encontrado a era grega, esquecemos muito facilmente que a vida pode ser de uma outra maneira que essa e, então, afundamos muito facilmente na convenção de que tudo é como pode ser, que a vida não é nada além de uma coleção de fatos me ligando à prisão do presente.

Nesse sentido, o lado criativo da educação está sempre ligado a uma repetição do passado. E dessa noção de repetição se originam as contradições da visão de Nietzsche da história: por um lado, ele vê a história europeia como um declínio progressivo da antiga Grécia até o presente, enquanto, por outro, é apenas essa história, como ele o diz, que fez o ser humano interessante; por um lado, ele admira a época trágica dos gregos, enquanto, por outro, seu próprio pensamento permanece em pé ou cai em função do seu êxito em superar o platonismo, isto é, a parte mais significativa das práticas de criação que, no curso dos últimos dois milênios, fizeram surgir os seres que somos. É, então, esse ativo assumir meu próprio ser em educação que realiza a história como a "filogênese" dos diferentes tipos de existência humana histórica. O objetivo da educação consiste nessa realização e na aceleração do processo total: "a transformação do ser humano necessita primeiramente de milênios para a formação de um tipo, passando, depois, a necessitar de gerações: finalmente um ser humano se move durante a sua vida individual através de inúmeros tipos individuais" (9/547).

E, então, à medida que falamos acerca do desenvolvimento do corpo, somos confrontados com duas decisões. A primeira diz respeito à natureza ininterrupta da presença histórica na morfologia do corpo. Isso é, como veremos, similar à memória viva do Espírito do Mundo hegeliano, que toma posse de si mesmo somente e à medida que ele fica de posse da própria história. Se alguns dos degraus da escada desaparecessem, o objetivo da educação ficaria fora de alcance.

> Simplesmente retire os gregos, incluindo sua filosofia e arte: que escada você usaria para subir até a educação? Na tentativa de subir a escada sem qualquer ajuda, sua incultura pode (...) pesar nos seus ombros como um lastro inútil, em vez de inspirar você e impulsioná-lo para cima. (1/733)

A segunda consequência concerne à relação entre aquilo que muda e aquilo que é mudado. Se pensamos a história das espécies em termos de seleção natural, tal como a podemos abordar desde Darwin, então temos, por um lado, as mutações casuais dos genes que mudam os indivíduos das espécies e, por outro lado, as experiências desses indivíduos, selecionando mutações positivas das negativas. Esses dois níveis são separados como uma forma transcendental de seu conteúdo empírico, de modo que a experiência não tem influência em nenhum sentido no nível da mutação. Quer dizer, a experiência é aqui compreendida como meramente passiva. Com Hegel e Nietzsche, pelo contrário, falamos acerca de uma herança da própria experiência.

Evidentemente, a ideia de criação de animais domesticados, como cães, gatos ou vacas, já permite uma tal ideia, mas aqui o criador está para a cria assim como Deus está para o ser humano, o que significa dizer que ação e paixão são infinitamente separados, de tal forma que o ato de criação pode ainda ser concebido de acordo com a nossa ideia geral de uma ação como derivada de deliberação consciente, criando uma imagem do propósito da criação e um consequente engajamento da experiência no ato efetivo de criação. Mas, se a cultura humana é compreendida como criação, se o pensamento racional, responsável e autoconsciente é visto como emergindo desses atos de educação, então a diferença entre ação e paixão, entre representação e experiência sucumbe e estamos engajados na ideia unificada de história, da história da emoção humana, da sensibilidade, do pensamento, da arte, da ciência, etc.

Que essa autocriação do ser humano tenha de ser compreendida como arte significa que a cria e a criação colapsam em uma única coisa. Consequentemente, não podemos compreender essa ação como um processo consciente motivado por uma imagem ideal. É por isso que Nietzsche diz que nós não conseguimos assumir responsabilidade por essa ação, precisamente porque nós a fizemos invisível, primeiramente a atribuindo a Deus e, em segundo lugar, a um processo mecânico e objetivo da natureza. Compreendida no sentido próprio da arte como *techne*, por outro lado, ela pode ser concebida somente como experimentação.

> Aqueles processos naturais na criação do ser humano, que têm sido praticados até agora de uma maneira inacreditavelmente lenta e desajeitada, poderiam ser assumidos por seres humanos: e a velha grosseria das raças, das guerras raciais, a febre do nacionalismo e ciúmes pessoais poderiam, pelo menos em experimentos, ser condensados em uma curta duração. (9/547)

Encontramos nessa citação os dois pontos chave mencionados acima, a saber: a ideia de como podemos pensar um tal processo como experimentação e os objetivos positivos seguidos por uma tal experimentação. Essa experimentação não pode existir, então, sem um *telos*, mas isso não é para ser compreendido como uma imagem positiva, enumerando predicados de um objeto ideal. Em vez disso, Nietzsche a vê como derivada da situação histórica e sua enfermidade. Como consequência disso, Nietzsche chama as instituições educacionais "oficinas na luta contra o presente" (7/262). A noção dessas oficinas combina a ideia da filosofia como uma *techne* e sua essência como experimentação.

Encontramos muitas razões por que os ensinamentos de Nietzsche podem não ser claros e distintos. Em primeiro lugar, porque, como ensinamentos, eles supõem serem movimentos e, portanto, não são dados no presente. Em segundo lugar, eles são concebidos da posição da "grande razão", isto é, o corpo vivo, de tal maneira que tenho o pensamento ao mesmo tempo em que estou pensando, o que quer dizer que não posso tomar uma distância teórica dele. Em terceiro lugar, o estilo de apresentação, sua retórica, não pode ser subtraída de sua verdade – isto é, sua forma não é indiferente para seu conteúdo. Em quarto lugar, o pensamento filosófico tenta compreender um mundo da vida que não é ele mesmo simples. Consequentemente, a verdade não é simples e a medida da sabedoria é, para Nietzsche, quanta verdade se pode incorporar, dado que isso demanda do pensador a habilidade de dar origem a muitos modos contraditórios de pensamento. Em quinto lugar, o professor é ele mesmo não um ser divino com pensamento para passar adiante, mas está dirigido para si mesmo e para sua audiência. À medida que Nietzsche fala do conhecimento como uma luta íntima no interior do pensador, esses dois lados esclarecem que o conhecimento não se encontra apartado da escuridão e das sombras. De fato, o conhecimento tem de ser desenterrado da escuridão e permanece sempre atraído por ela. Consequentemente, Nietzsche pode dizer que o produto do filósofo é sua vida (7/712) e que seus escritos são fudamentalmente apenas acerca dele mesmo (6/319).

E quem é Nietzsche? "Eu sou originalmente, e desde meu começo, envolvente [*ziehend*], atraente [*heranziehend*], elevante [*hinaufziehend*], criador [*Zieher*], procriador [*Züchter*], disciplinador [*Zuchtmeister*], que disse a si mesmo com boas razões: 'venha a ser quem você é!'" (4/295). Podemos ver, a partir do original alemão, que todas essas palavras pertencem a uma família, à qual Nietzsche alude aqui para mostrar a relação essencial delas com a ideia de educação. Esse educador, liberando-nos de nosso aprisionamento na "razão pequena" da consciência está, então, ao mesmo tempo, liberando a si mesmo, sendo essa a razão pela qual vemos Zaratustra, o professor do *eterno retorno do mesmo* e do *sobrehumano* [*Übermensch*], constantemente lutando com a explicação desses ensinamentos como determinando a ele quem os ensina.

Mas não precisamos nos restringir aos exemplos do texto de Nietzsche, considerando que podemos tomar a estrutura de sua obra total como exemplificando sua noção de educação. Pode-se, então, identificar facilmente três fases no interior da obra de Nietzsche: os escritos iniciais da década de 1870, incluindo *O nascimento da tragédia*; o período intermediário, que vai do final da década de 1870 até a metade da década de 1880; e o último período, que começa com *Assim falava Zaratustra*. A primeira dessas "fases" é caracterizada pelo pensador que admira os gregos, que venera Wagner e que vê a si mesmo como pupilo de Schopenhauer. Esse é o período que Nietzsche descreve mais tarde em termos de uma diligência de aprendizagem e obediência, período em que ele coleta dentro de si tudo que é digno de admiração, apesar das contradições e tensões entre as coisas aprendidas (11/159). Esse começo da educação é, assim, caracterizado por ser o período em que se suporta sobre os ombros todo o grande peso da tradição. No primeiro dos discursos de Zaratustra, "Sobre as três metamorfoses", Nietzsche nomeia esse estado da seguinte maneira: " "O que é pesado?" pergunta o espírito que carrega um fardo; ele se ajoelha, então, como o camelo e espera ser bem carregado" (Z 54).

Como Nietzsche aponta em suas lições iniciais "Sobre o Futuro das Instituições Educacionais", toda verdadeira educação é fundamentalmente oposta às ideias modernas de educação, que frequentemente tentam alcançar uma equivalência entre professor e estudante, desejando garantir ao último a condição de um consumidor, que poderia escolher o que aprender e o que não aprender (1/733). Toda verdadeira *Bildung* começa com a submissão à tradição e à sua ordem, com uma obediência que se torna tolerável pela adulação da grandeza do passado por parte do estudante. A medida verdadeira do intelecto é, então, adquirida aqui como o teste de quanta verdade um espírito pode suportar e provocar conflito em seu interior sem se desesperar (6/259). Como veremos posteriormente, essa medida não é simplesmente aquela de ser capaz de julgar muitas coisas, mas diz respeito à preparação da base para o desenvolvimento da vontade.

O que contemporaneamente chamamos de uma "educação crítica", por outro lado, na qual o estudante é forçado a mostrar sua habilidade começando imediatamente a criticar qualquer coisa que seja apresentada a ele, muito antes de ter compreendido a obra criticada, fornece a base para um espírito ressentido. Esse espírito não pode encontrar nenhum valor em sua crítica, pois desde o começo o criticado não parecia ser de muito valor e é inapto a resistir mesmo à crítica mais óbvia. Nietzsche frequentemente liga essa noção de educação crítica à ascensão do jornalismo, e basta que se vejam as séries recentes de programas da BBC sobre Nietzsche, Heidegger e Sartre (*Humano, demasiado humano*, transmitidos primeiramente em 1999) para que se compreenda o que ele tinha em mente. Nesses programas, a filosofia de todos esses pensadores é facilmente compreendida e facilmente criticada, e o espectador fica depois admirado de por que esses homens foram chamados de "grandes filósofos", considerando que "qualquer um" poderia ter tido esses pensamentos, embora "ninguém" iria escrevê-los, pois "qualquer um" poderia facilmente ver que eles são totalmente falsos. Desse modo, o estudante sente que pode dominar esses filósofos, mas, ao mesmo tempo, compreende que não se ganha nada ao estudar a história do ser humano, pois ele mesmo não é nada.

É apenas quando o camelo se carregou primeiramente com o peso de mais de 2.500 anos de realizações históricas, somente quando as admira e reverencia que as pode criticar com algum peso por trás dessa crítica. E não mesmo porque agora sabe tanto acerca disso, não porque ele tem feixes infinitos de informação a seu comando, mas porque agora tem de "partir seu próprio coração venerador" (11/159). O tempo do leão é, então, o tempo do deserto, no qual o espírito parte tudo o que reverenciou, mas sem ser capaz de colocar alguma coisa em seu lugar. O leão não pode, então, criticar com base em um juízo; ele tem, mais propriamente, de julgar que tudo é digno de destruição. "Criar novos valores – mesmo o leão é incapaz disso: mas criar a liberdade para uma nova criação, isso o leão poderia fazer" (Z 55).

Olhando para os escritos de Nietzsche que caem no segundo período, podemos ver mais claramente o que ele tem em mente. *Humano, demasiado humano*, *Aurora* e, em um grau menor, *A gaia ciência*, parecem carregar uma intenção de pura destruição, de uma crítica na forma de uma ceticismo absoluto, excedendo toda tentativa desse gênero na história da filosofia. Todas essas obras são escritas em um estilo fragmentário, com o sentido de vários fragmentos lutando uns contra os outros. Essas obras não parecem destruir essa ou aquela posição filosófica para atingir um juízo verdadeiro, mas sim tornam inacreditável qualquer ideia de uma verdade simples. E, entretanto, após ler essas obras, o leitor reconhece que esse não é um exercício de destruição cega, mas que a noção de vontade sofre certas mutações, atingindo através delas um sentido, mesmo que nunca coalesça em um ponto de vista sistemático.

As últimas linhas originais de *A gaia ciência* já dão expressão à compreensão no § 341 da doutrina da Eterna Recorrência e no § 342 da chegada de Zaratustra. Considerando que geralmente tendemos a compreender a educação como resultando no espírito crescido, maduro, que ganhou o conhecimento de seu julgamento independente, essa última metamorfose pode surpreender. Seguindo Platão, Leibniz e outros na afirmação de que o espírito humano não pode se mover do conhecimento científico para o conhecimento filosófico, verdadeiro por incrementos de aprendizagem, Nietzsche fala desse terceiro passo em termos de uma grande decisão, a saber de se o espírito é capaz de afirmação, quer dizer, de criação.

A atitude filosófica apropriada não está, então, ligada ao juiz maduro presidindo a corte da sabedoria, mas à criança que cria a partir da posição de uma inocência recentemente adquirida. "A criança é inocência e esquecimento, um novo começo, jogo, uma roda que move a si mesma, um primeiro motor, um sim sagrado" (Z 55). No fim dessas metamorfoses se encontra, então, um novo começo, a criança como o ser que não olha para o passado, mas que é dado em sua abertura para o futuro; um ser que não sofre, então, do determinismo no grande mundo mecânico, mas que é aberto para seu destino. O tempo da história, dado através da prevalência do futuro, está aqui subvertendo a ideia que temos relativa ao solo sobre o qual vivemos: "Que pátria nada! Nossos elmos querem partir para onde é a terra de nossos filhos" (Z 231).

Não é que Nietzsche soubesse desde o início acerca dessa necessidade da educação e que ele, consequentemente, tenha produzido essas três fases no curso de sua obra. Não é que ele tenha planejado sua vida conscientemente para colocar em prática essa educação. Mais propriamente, é no tempo da escrita do *Zaratustra* que ele compreende que seu experimento relativo à corporificação da história se unificou em um desenvolvimento, permitindo a ele assumir a posição de professor. Mas até esse momento tudo o que ele havia feito poderia ter ainda se revelado como aquilo que todo experimentador constantemente teme, a saber, um fracasso. Como o filósofo tem apenas uma vida, para ele há apenas um experimento, o que explica a euforia de Nietzsche enquanto escrevia o *Zaratustra*, bem como a decisão tomada por ele nesse tempo, a saber, que embarcaria na escrita de sua obra ultimativa, definindo sua vida.

Essa obra final existe somente como uma sequência de títulos e planos escritos durante os últimos cinco anos de sua existência sã. Ela é chamada de várias maneiras: *A vontade de poder*, *A inocência do devir* ou *A revaloração de todos os valores*, embora haja outros títulos além desses. Em alguns desses planos, o título *O anticristo* existe como o título de um primeiro capítulo introdutório, suposto formar o degrau crítico sobre o qual poderíamos nos mover para longe da metafísica, em direção ao novo pensamento nietzscheano. Ao fim, Nietzsche publica um livro chamado *O anticristo*, o qual poderíamos ver perfeitamente como a introdução a uma tal obra, embora o esboço de um novo pensamento nunca tenha vindo a se concretizar. Esse estado excitado de uma inocência conquistada existe, então, apenas na forma do *Zaratustra*.

Contudo, agora que Nietzsche produziu a si mesmo como esse experimento no qual o ser humano descobre a realidade histórica de seu pensamento corporificado, agora que experenciamos a verdade radical do devir histórico, agora que vimos como se pode tentar escapar do aprisionamento do pensamento na consciência abstrata, agora que o experimento Nietzsche se tornou uma parte integral de nossa filogênese, isto é, de nosso destino, nós não precisamos mais nos preocupar com Nietzsche ou com a sua vida, mas com aquelas coisas pelas quais ele existiu (8/553).

A DESCOBERTA DA HISTÓRIA EM HEGEL

> Nós, alemães, somos hegelianos, mesmo se não tivesse existido nenhum Hegel, porque nós (em oposição aos latinos) instintivamente garantimos um sentido mais profundo e um valor mais rico ao devir do que ao que é. – Nós dificilmente acreditamos na justificação da palavra "ser".

A dívida de Nietzsche para com Hegel tem sido o mais das vezes negligenciada, frequentemente porque o vemos como um pupilo de Schopenhauer, que nutriu um ódio profundo por Hegel. E, entretanto, o juízo de Nietzsche acerca desse ódio é absolutamente descompromissado: "com essa fúria tola contra Hegel, [Schopenhauer] teve êxito em desconectar toda a última geração de alemães da cultura alemã, cultura essa que foi, no final das contas, um ponto elevado e um refinamento divinatório do sentido histórico (...)" (BGE 204). Sem querer diminuir a influência de Schopenhauer sobre o pensamento de Nietzsche, é ainda o caso que a ideia fundamental de Hegel de uma dialética especulativa, na qual todo o desenvolvimento é compreendido por um processo de reconhecimento de si mesmo naquilo que é outro, foi também a entrada de Nietzsche na filosofia:

> Quando eu tinha apenas 12 anos, refleti acerca de uma trindade maravilhosa, a saber: Deus-Pai, Deus-Filho e Deus-Diabo. Meu silogismo era que Deus, pensando em si mesmo, criou a segunda pessoa da deidade, mas que, para ser capaz de pensar a si mesmo, ele tinha de pensar, isto é, criar a sua antítese. – Com isso, comecei a filosofar. (11/253)

Esse é um pensamento tipicamente hegeliano na medida em que estipula que Deus somente pode ser ele mesmo por meio da contradição de seu oposto e que ele somente pode ser sendo reconhecido por esse outro. Assim, na tenra idade de 12 anos, muito antes da leitura de Schopenhauer, Nietzsche já tinha um *insight* na verdade do princípio hegeliano da dialética do real, de acordo com a qual "a contradição move o mundo, sendo essencialmente contraditórias todas as coisas nele presentes".

Mas, o que é uma "dialética do real"? A palavra "dialética" é derivada das palavras gregas *dia* e *lexis* e significa literalmente "por meio da língua". Então, Platão argumentou que a verdade não é dada no pensamento abstrato, mas sim que ela somente pode ser alcançada "por meio da língua", quer dizer, por meio da contradição no diálogo. Deve-se, assim, discutir as questões com os outros para se descobrir a verdade, enquanto nunca se alcança a verdade sozinho. Mas isso não é apenas para dizer que tem de haver pelo menos dois seres humanos falando um com o outro para que haja algum *insight* da verdade. O que se segue diretamente do método dialético de pensamento é que não posso realmente ignorar os meios pelos quais chego a saber algo em relação ao conhecimento que finalmente atingi.

A palavra "método", por sua vez, é derivada da palavra grega *met'hodos*, significando o "caminho por meio do qual" eu posso alcançar um resultado. Esse método não pode, então, ser ignorado e é uma parte integral da verdade que encontrei. E, contudo, à medida que esse método descreve um movimento, um devir do pensamento, ele não pode ser representado sob a forma de um resultado. Aqui podemos ver uma primeira dimensão do pensamento da história: compreender algo historicamente não é apenas compará-lo a seu contexto contemporâneo, de onde vem e para onde deve conduzir. Deve-se compreender, antes, seu movimento como algo real. É por isso que a filosofia não pode simplesmente trocar ideias, concebidas como claras e distintas, e é pela mesma razão que não há fatos "nus" no mundo da história. Como Hegel diz, o que é importante para a filosofia é o caminho através do qual o resultado é atingido, enquanto "o mero resultado é o cadáver que deixou a tendência orientadora atrás de si" (PoS 3).

Mas o que vale para o meu pensamento vale também para mim. A vida humana em sua concreção histórica não pode ser compreendida como uma soma total de fatos ou dados, e a verdadeira ciência filosófica, então, tem de tentar compreender o movimento da própria vida se ela pretende compreender a realidade humana. Isso é assim porque o ser humano não pode ser compreendido como ele simplesmente *é*, mas como ele *age*. "O verdadeiro ser do homem é sua ação", como Hegel diz. Assim, ao passo que procuro compreender a ideia de pensar ou conhecer, terei de compreender o pensar e o conhecer também como ações. É isso precisamente o que Nietzsche faz no seu ensaio de juventude "Sobre a verdade e a mentira em um sentido extramoral", a saber, criticar toda nossa concepção da própria ação na medida em que pensamos a ação como composta de três partes: deliberação, decisão e a ação "efetiva". Toda nossa moralidade depende da ideia de que eu primeiramente penso acerca do ato correto, então, decido agir com base nesse *insight* e que, então, ajo. Mas essas são três ações, como diz Nietzsche. Toda nossa filosofia, moralidade e pensamento político sofreram desse mal-entendido da realidade temporal do pensamento, tendo, consequentemente, procurado compreender a realidade humana a partir da perspectiva do "cadáver nu".

Ignorar a natureza efetiva da história é, então, ignorar a vida e ridicularizá-la, razão pela qual Nietzsche sublinha a unidade desses dois temas quando critica as idiossincrasias dos filósofos. O que esses têm em comum é

> sua falta de senso histórico, seu ódio da ideia mesma de devir, seu egiptismo. Eles pensam que estão prestando uma honra quando eles a desistoricizam, (...) quando eles fazem dela uma múmia. Todos aqueles filósofos vêm lidando há milhares de anos com suas múmias conceituais; nada de real escapou vivo das suas mãos. (TI 16)

A descoberta da história em Hegel, a percepção de que qualquer realidade é derivada de atos humanos nos permite, assim, olhar para o mundo da perspectiva da vida, sendo que se tinha olhado previamente para o mundo, por assim dizer, a partir da perspectiva imaginada de um deus. É essa perspectiva da vida que Nietzsche tenta cada vez mais descobrir e reclamar para o pensamento filosófico. Quando ele, então, pergunta acerca da verdade das ciências modernas, não o faz a partir de alguma perspectiva abstrata, mas, como o diz, a partir da perspectiva da vida. Somos, ao fim, seres humanos, que colocam questões, e essas questões possuem uma perspectiva interessada. Elas tentam nos ajudar a compreender o mundo, a encontrar nosso lugar nele e a auxiliar nossa atividade no mundo. Esquecer essa perspectiva interessada significa, para Nietzsche, esquecer igualmente qualquer noção concreta de verdade.

Essa questão se torna imediatamente clara quando consideramos o título do ensaio de Nietzsche sobre história, a saber, "Sobre as vantagens e desvantagens da história para a vida", e sua primeira linha, uma citação de Goethe: "Além do mais, eu odeio tudo que meramente me instrui sem incrementar ou diretamente estimular minha atividade". O modo científico ou "objetivo" não é apenas supérfluo e entediante, mas também errado. Um tal modo implica uma perspectiva sem perspectiva, o que é autocontraditório, baseando, então, suas pretensões em nada. Poderíamos dizer isso com as palavras do filósofo do século XX, Otto Neurath (1882-1945), quando ele pergunta se as verdades das nossas ciências são verdades mesmo para "marcianos com 17 pernas que nunca comem e apreciam sua decadência". Uma tal questão é tão absurda quanto soa e mostra o profundo engano da assunção de uma perspectiva "desinteressada". Quando se fala de um perspectivismo nas obras de Nietzsche, não se deveria esquecer que isso não significa dizer que deveríamos dar crédito às várias ideias do mundo, mas sim que deveríamos olhar para a existência a partir da perspectiva da vida.

Vimos esse ponto algumas vezes: tornar o ídolo de alguém um fato significa se tornar um advogado do diabo; isto é, olhar a vida de uma perspectiva desinteressada da morte. A vida, por outro lado, está sempre em movimento, mas isso significa dizer que seu ser não é algo presente, factual, mas sempre uma ação, uma mudança disso naquilo, que é o que Hegel chama de negação. Hegel dá um bom exemplo desse *insight* ao ridicularizar o senso comum na *Fenomenologia do espírito*. Ele pergunta: "Qual é a verdade da maçã?". O senso comum começa a listar seus atributos, isto é, descreve seu ser factual, enquanto Hegel replica que mesmo os animais são mais inteligentes: em vez de meramente olhar atentamente para a maçã, eles a comem. E, de fato, a verdade da maçã é ser comida.

Mas isso significa dizer que a verdade da maçã não é independente do mundo e, então, não é para ser encontrada em sua existência "objetiva". E isso não vale apenas para a maçã, mas é igualmente verdadeiro acerca da consciência. A verdade do meu ser não é simplesmente dada e para ser conhecida, mas ela existe nas minhas ações. Se esse é o caso, então se torna claro que a verdade dessas ações não é necessariamente algo que eu saiba ou mesmo possa saber. Procuramos anteriormente compreender a dialética do real, tendo dito que, pelo menos, duas línguas contradizem uma à outra, isto é, falam uma contra a outra. Mas, quem fala quando eu abro a minha boca? É realmente a "minha" consciência? Eu, obviamente, falo uma língua que não inventei e frequentemente falo de coisas de uma maneira que não ouvi de outros. "Eu" leio livros e jornais, vejo televisão e escuto os meus professores, formando, geralmente, dessas comunicações as minhas opiniões e os meus pensamentos. Poderíamos também dizer que, na maior parte das vezes, falamos com as vozes de outros – e esses outros nem mesmo são outros concretos, mas simplesmente um "alguém" qualquer. Mesmo se, sem saber, começo a repetir coisas que ouvi de outros, esses outros também não inventaram essas coisas. É por essas razões que compreendemos uns aos outros de uma maneira notavelmente boa.

Ao mesmo tempo, frequentemente temos a experiência de que temos dificuldade de dizer o que queremos dizer, enquanto, também frequentemente, nos damos conta de ter dito que era o que queríamos dizer. Uma vez que a linguagem é o meio pelo qual falamos e que tem uma profundidade histórica – isto é, a linguagem fala para mim a partir do passado assim como a partir da minha própria época –, Hegel demonstra que a verdade não reside na representação consciente, mas na linguagem. A dialética se refere, então, não apenas à comunidade de seres humanos, mas também ao *insight* de que a consciência não é o *locus* da verdade. "A linguagem (...) é mais verdadeira", diz Hegel: "nela refutamos diretamente o que *tínhamos em mente* dizer" (PoS 60).

Isso, como dizemos, parece já ser o caso para Platão. E, contudo, para ele a dialética parece ter sido meramente uma ferramenta, um método de obter conhecimento, enquanto Hegel falava de uma "dialética do real". Se minhas ações são meu verdadeiro ser, o que, então, é o mundo real e o que é que aqui contradiz um ao outro? O mundo real está pleno de coisas: salas de tribunal, delegacias de polícia, parlamentos, museus, cães, escolas, universidades, prédios de todos tipos, campos de futebol, estradas, bibliotecas, vacas, parques, bancos, supermercados, submarinos, aviões, etc. O que todas essas coisas têm em comum é que elas são sedimentações históricas de ações humanas. Quando penso em mim mesmo como um sujeito individual, isso é dependente do desenvolvimento da lei romana de propriedades. Quando eu penso a mim mesmo como um estudante, isso depende de Platão ter fundado a primeira academia e de todos aqueles que a mantiveram viva nos 2.400 anos seguintes. Quando penso a mim mesmo como um soldado, isso depende da história das guerras europeias. Poderíamos dar uma série infinita de vários exemplos aqui.

O que é importante para Hegel é compreender que não é apenas a consciência individual que tem de ser pensada a partir da perspectiva de um "coletivo" que pode me contradizer, mas que é o mundo todo que existe em e através de uma tal contradição. Nele uma lei feudal contradiz sua economia capitalista, preocupações militares contradizem instituições democráticas, as ideologias da classe média contradizem os interesses da classe trabalhadora, a cultura contradiz a natureza, meu conhecimento é contradito pela realidade desse mundo, etc., o que significa dizer que nenhuma dessas coisas é apenas o que é, mas é dada em e através dessas contradições. E, como a contradição é um ato que "se move através do tempo", essas contradições não podem ser verdadeiramente concebidas em seu estado presente, mas são motivadas pela história. Consequentemente, sou meu passado. Isso é o que significa dizer que "contradições movem o mundo".

Em resumo, o mundo é um mundo humano, e quando "eu" falo, o mundo inteiro fala através da minha boca. A verdade da consciência é, então, igualmente dada na dimensão desse mundo histórico. A totalidade dessas relações entre mim, os outros seres humanos e o mundo de todos os objetos, Hegel chama de *espírito*. A *Fenomenologia do espírito* é, assim, uma abordagem da realidade da existência humana na torrente da história; é a tentativa de entender minha própria realidade como dada para mim em sua concreção histórica. Hegel, então, usa a palavra "espírito" como podemos falar do "espírito dos anos 20", e o todo da história é compreendida por ele como uma sequência desses espíritos, do "espírito grego" ao "espírito da modernidade" via "espírito romano". Mas, dizer que sou meu passado à medida que ajo, dirigindo-me portanto ao futuro, é também dizer que não aprendo história por simples curiosidade ou para atingir um conhecimento "objetivo". Mais propriamente, sou em um sentido autêntico somente por causa de uma tal memória histórica concreta. Ou, é apenas ao conhecer ou ser meu passado que posso agir em qualquer sentido significativo, e é aqui que Nietzsche vê a possibilidade de compreender o mundo da perspectiva da vida.

O passado está, então, presente em todo lugar: é a presença de obras de arte, de tribunais de justiça, de delegacias de polícia, da arquitetura, da linguagem, etc. Nesse sentido, recolho minha própria existência de todos os lugares do mundo, reconheço meu ser nas ações que são dirigidas a tais instituições e essas ações não são concebidas a partir da perspectiva de uma consciência neutra. Como podemos ver na noção do espírito como realidade omniabrangente de pensamento e ser, a própria consciência individual não está de posse de sua verdade. Ela está sempre correndo à frente do que sabe e pode se desenvolver precisamente porque ela não sabe, isto é, porque ela nunca coincide consigo mesma. Quando Hegel fala do senhor e do escravo, por exemplo, a consciência do escravo é uma consciência que não sabe que é uma tal consciência. Uma vez que é ainda uma lógica dialética que governa seu desenvolvimento, Hegel descobriu um pensamento que não é consciente, mas incorporado no próprio mundo. Esse ponto já se seguia de havermos dito que deliberação, decisão e "ação" são três diferentes formas de ação. A consciência apenas pode lidar com representações, quer dizer, com estruturas presentes, enquanto a maior parte do pensamento não leva em consideração essa forma: "O homem", como Nietzsche conclui a partir daqui, "como todo outro ser, pensa continuamente sem saber disso; o pensamento que se eleva à *consciência* é apenas a menor parte de tudo isso" (GS 299).

Mas, a tentativa de recolher do mundo a minha própria existência frequentemente não é tão bem-sucedida. Em vez disso, experiencio o mundo como injusto, como estranho aos meus desejos. Hegel, então, vê a totalidade da história como uma história de alienação. Isso significa dizer que a contradição é o que me define no sentido de alguma impossibilidade de ação. A ideia hegeliana da história não é aquela de um horizonte infinito de uma história natural no interior da qual encontramos algo como uma história humana. Ao contrário, a história é a nossa história e, como tal, ela tem um começo e um fim. Nossa história, como frequentemente dizemos, começa na época grega clássica. Se isso é assim, tem de haver uma razão para isso, e Hegel explica essa razão afirmando que no começo da história não havia contradição. Isso é o que ele chamava de a bela vida ética dos gregos. Como Nietzsche, ele vê a sua própria época como a época da arte, o que de maneira nenhuma significa deveríamos ser capazes de encontrar nossa evidência para o começo da história na arte. Hegel a encontra em *Antígona*, famosa tragédia de Sófocles.

Não dispomos aqui de espaço para seguir esse argumento de maneira detalhada, de tal maneira que vou me limitar a destacar os pontos principais. O estado original é, para Hegel, de harmonia. A lei humana – isto é, o reino político – existe em harmonia com a lei divina, que é a lei da vida familiar: a mulher vive em harmonia com o homem. A peça *Antígona* descreve, então, como essa harmonia se parte por causa de um mero acidente, quando tanto a lei humana quanto a divina reivindicam o cadáver do irmão de Antígona. Essa quebra origina uma série de contradições, como dizemos, entre o indivíduo e o estado, entre mestres e escravos, entre meu conhecimento e o mundo, entre o que é o caso e o que deveria ser o caso. O mundo e a própria vida parecem subitamente injustificadas e o ser humano volta as costas para essa vida. Ele começa a se perguntar se há algum ser que poderia dar sentido a esse mundo e mesmo se Deus teria criado esse mundo se ele tivesse acabado de saber da invenção do grande canhão. Essas contradições movem o ser humano ocidental através da história.

Mas a noção de alienação diz, ao mesmo tempo, que reconheço falsamente a mim mesmo, ao meu pensamento e às minhas ações, ou que não sei o que estou fazendo e pensando. Por essa razão, mesmo a filosofia aparece como essa imensa contradição na qual cada um critica cada um. Os pensadores do Iluminismo de Descartes a Kant, por exemplo, tendem a entrar na arena com um sentimento de superioridade, declarando que "todos até agora fizeram tudo errado, enquanto eu vou contar como fazer certo"; ou que "não houve até agora nenhuma metafísica digna do nome, enquanto eu agora escrevo os prolegômenos a ela". Ao mesmo tempo eles reivindicam uma tal originalidade descontando a influência da tradição filosófica em seus pensamentos. Evidentemente há diferenças e muitos desses filósofos possuem uma elevada consideração pelos grandes nomes da tradição, ou mesmo legitimam, como Leibniz o faz, um retorno parcial a Platão, mas, falando em termos gerais, parece que para esses pensadores uma filosofia é um sistema de pensamento que pode ser mensurado relativamente a outros sistemas em termos de sua correspondência com a realidade. Mas isso pressupõe que a pessoa já experencia o pensamento como separado dessa realidade. O pensamento representacional é, assim, ele próprio apenas uma expressão de alienação. Uma tal alienação termina na convicção de que o pensamento não pode capturar a verdade, que tantos filósofos tentaram e ainda não há nenhum consenso. E mesmo se se pudesse, finalmente, tropeçar na verdade e vir com um sistema perfeito de pensamento, isso não mudaria nada acerca do mundo precisamente porque ela seria somente uma imagem correta no pensamento.

Com Hegel, por outro lado, tudo isso muda e a filosofia deixa de ser "original". Em vez de proclamar que se tem uma vez mais de começar de novo, Hegel encontra a verdade da filosofia na realidade do devir histórico. Para dizer isso em palavras mais simples, em vez de encontrar razões pelas quais todos os sistemas de filosofia até então tinham sido equivocados, Hegel os considera todos expressões verdadeiras do espírito de seus dias. Falar de Platão, Descartes ou Kant não é encontrar acordos e desacordos, ideias compartilhadas e correções possíveis, mas é compreendê-los como expressões da verdade da sua existência no mundo.

Desde Hegel, os alemães fazem uma distinção entre *Historie* e *Geschichte*, termos que são traduzidos o mais das vezes indistintamente por "história". O estudo da *Historie* é mais ou menos o que conhecemos como história, a saber, explicar fatos históricos em seu contexto e desenvolvimento. Então, distingue-se a influência das batalhas, as mudanças de governantes e formas de governo, etc. para seguir o curso da história. Em tais investigações, pode-se também observar a "história das ideias", que as distingue como crenças e convicções variadas que aparecem no curso da história. *Geschichte*, por outro lado, pode ser traduzida como *história efetiva*. Aqui a história não é um objeto que podemos observar, mas a realidade do devir que nos fez ser o que somos e a realidade social o que ela é.

A *Fenomenologia do espírito*, por exemplo, fornece algo como uma história da experiência da consciência, mas ela não é estritamente "cronológica" e não segue os fenômenos superficiais da história tal como os podemos encontrar em um livro de história. Ela segue, mais propriamente, as mudanças essenciais que caracterizam o desenvolvimento de nossa maneira de pensar, das artes, do pensamento filosófico, da cultura, etc. Poder-se-ia dizer de uma tal abordagem do devir efetivo da verdade histórica que tudo é verdadeiro e que é tarefa do filósofo determinar o significado de uma tal verdade. De fato, na medida em que todo o mundo histórico fala através de mim, dificilmente se pode conceber a possibilidade de se dizer algo "errado". Quando Nietzsche diz que "eu sou todos os nomes da história" ou

> quando falo de Platão, Pascal, Espinosa e Goethe, então estou consciente de que o sangue deles flui dentro do meu – fico orgulhoso de dizer a verdade acerca deles – a família é suficientemente boa, não necessitando de fabulação ou dissimulação; e, então, me ergo diante de tudo o que foi, estou orgulhoso da humanidade, e orgulhoso especialmente em veracidade incondicional (9/585)

é, então, essa ideia de uma história efetiva que ele tem em mente. Conhecer a história não é, assim, nada além da tentativa de conhecer a si mesmo.

O ideal de conhecer a história é ser capaz de afirmar a vida, dizer sim para ela. Hegel, então, demonstra que todas as enfermidades da história, da guerra e exploração à morte e destruição, embora não parecendo ter nenhum sentido intrínseco, podem ser compreendidas como significativas desde que vistas da perspectiva da história, que ele também chama de "vida absoluta" ou "espírito absoluto". Quando diz desse último que é "conhecimento absoluto", isso não significa que ele conheça tudo, estando apto a vencer o programa "Quem quer ser um milionário?", mas sim que seu conhecimento o torna um com o mundo, à medida que vê a si mesmo no mundo e o mundo em sua própria existência – em resumo, ele pode dizer sim para todo mundo e para si mesmo. A mais elevada aspiração da filosofia é, para Hegel, capturada na sentença famosa da *Filosofia do direito*, a saber: "o real é racional e o racional é real", o que significa dizer que "o mundo é como deveria ser, o que deveria ser é".

Nesse sentido, a história é capaz de dar conta de nossa compreensão do mundo sem torná-la dependente de um mundo verdadeiro conferindo sentido a esse mundo de imperfeição. Enquanto a filosofia desde Platão compreendeu a verdade como esclarecer esse mundo a partir de um mundo além desse – podendo ser esse mundo além do mundo ideias no céu, o paraíso cristão, a alma imortal em sua união com Deus, ou mesmo a forma absoluta de subjetividade –, Hegel considera o absoluto como emergindo do próprio mundo da vida. É por isso que o mundo é chamado de *Fenomenologia do espírito*. Enquanto a filosofia tradicional tomava a verdade como algo de fora do mundo que aparecia no mundo, um fenômeno, de acordo com seu sentido grego original, é algo que brilha através de si mesmo e por si mesmo. Hegel expressa essa ideia de que mesmo o absoluto é algo que pertence ao mundo da história na forma de uma sentença relativamente modesta: que "o suprassensível é a "aparição *qua* aparição" (PoS 89). O que Hegel tem em mente aqui é que não há nada que daria sentido ao mundo sem ser ele próprio parte dele. Antes, o mundo é compreendido como a constituição temporal, isto é, histórica de seu próprio sentido; ele dá origem ao absoluto a partir de si.

Esse ponto é mais radical do que poderia parecer inicialmente. Quando Descartes fala da razão como luz natural, querendo dizer com isso que ela é dada por Deus capaz de nos garantir a verdade precisamente porque não depende desse mundo efêmero do devir; quando Kant fala do transcendental e, então, da noção pura de pensamento, intocada pela experiência, essas filosofias geralmente tentam mostrar que as regras do pensamento e seus conceitos são absolutos, podendo ser aplicados a um mundo no qual tudo parece estar em movimento. Por meio dessa racionalidade, se poderia mensurar a realidade como se mensura movimento com um cronômetro. Quer dizer, do mesmo modo como a mensuração do tempo deve ser indiferente a qualquer coisa que nele ocorra, o sistema de conceitos é, igualmente, independente de tudo o que é usado para descrevê-lo. Essa é a divisão que Platão erige entre o mundo do movimento e o mundo da verdade: apenas na medida em que essa verdade não muda de maneira alguma é que ela pode ser usada para compreender o mundo da mudança constante. Hegel, pelo contrário, afirma aqui que o próprio pensamento, a razão e a lógica dependem, em seu devir histórico, que haja, então, similarmente à ideia de evolução das espécies, uma "evolução" de pensamento e conceitos. Ou, antes, de outra maneira: precisamos primeiro compreender a evolução do pensamento para compreender a ideia de uma evolução das espécies. É essa natureza originária do pensamento filosófico que Nietzsche tem em mente quando refletindo sobre o

> golpe surpreendente de Hegel, que atingiu em cheio todos os nossos hábitos lógicos quando se atreveu a ensinar que conceitos específicos se desenvolvem *uns a partir dos outros*. Com essa proposição, as mentes da Europa foram pré-formadas para o último grande movimento científico, o darwinismo, pois sem Hegel não teria havido Darwin. (GS 305)

Com essa noção de um desenvolvimento histórico do pensamento e da razão ela mesma, Hegel e Nietzsche separam a filosofia mais radicalmente de sua herança platônica. Não há verdades eternas, valores, conceitos, formas ou almas, como o diz Nietzsche. Da perspectiva da história, todos os conceitos são criados e continuam no processo de sua criação. Daqui Nietzsche conclui que os conceitos mais universais são igualmente os mais antigos e mais errôneos. "Ser", "substância", e o "incondicionado", "igualdade", "coisa": essas são todas simplificações oriundas dos tempos mais antigos do desenvolvimento humano, de um tempo no qual a consciência ainda era embotada, simples, e, como Nietzsche o diz, nem mesmo no nível dos animais [*untertierisch*] (11/613). Enquanto os filósofos lidavam apenas com "múmias conceituais", tentavam compreender o mundo da vida por meio de ideias eternas, mortas, Hegel deu um fim a isso por meio da história do pensamento como expressão da vida absoluta.

Com Hegel, não apenas Darwin se tornou possível, mas também a *morte de Deus*, o que traz consigo a queda de todas essas simplificações. O sentido histórico, que Nietzsche também chama de sexto sentido, é um refinamento da sensibilidade humana do qual a filosofia não tem nenhuma ideia (11/254): "Nós somos os primeiros aristocratas na história do espírito humano – o sentido histórico começa conosco" (9/642). Hegel deu-nos, então, a habilidade de olhar para o mundo da perspectiva da vida, precisamente por ter descoberto a história efetiva. "O que nos separa de igual maneira de Kant assim como de Platão e Leibniz: acreditamos no devir também no interior do pensamento, somos históricos de ponta a ponta. Essa é a grande reversão. Lamarck e Hegel..." (11/442).

NIETZSCHE *VERSUS* HEGEL

Dissemos que com Nietzsche a história vem a ser o único conteúdo da filosofia, implicando que isso não vale para Hegel. A primeira questão que nos traz mais próximos a esse ponto seria como Hegel estava apto a ver o que ninguém tinha visto antes dele, a saber que o mundo da existência humana pode ser justificado da posição da consciência histórica. Já que, para Hegel, a verdade não coincide com a consciência individual, isso não pode ser explicado por causa de algo como o "intelecto superior" de Hegel. Ao contrário, Hegel explica esse *insight* da história pela coincidência de escrever do ponto de vista do fim da história europeia. Esse é o fim de sua *Geschichte*, e não de sua *Historie*, o que significa que haverá ainda muitos eventos históricos, embora nada irá se alterar essencialmente. Hegel via a história como começando na Grécia antiga. Sendo ela uma história da alienação, expressa pelas contradições na vida histórica, movendo esse mundo para a frente, o fim da história acontece pelo ultrapassar dessa alienação. De acordo com Hegel, simplificando um pouco, isso acontece com as Guerras Napoleônicas, que levaram a Revolução Francesa ao resto da Europa, e com a identificação de Hegel da história da filosofia com a filosofia da história. Hegel, assim, sabe o que Napoleão faz e Napoleão faz o que Hegel sabe precisamente porque ambos fazem o que seus seres históricos demandam deles.

Mas aqui reside o perigo de Hegel. Embora ele tenha criticado o Iluminismo por sua ideia abstrata de pensamento, que o levou a um desdém da história, aqui também o presente subitamente se torna o mais elevado da humanidade. Nesse "fim da história" torna-se, então, evidente que há algo que excede as limitações da história, a saber, a *Weltvernunft*, a "razão do mundo", a lógica imanente para todas essas contradições tendo movido o mundo e provado ser capaz de conduzi-las a uma resolução. Os perigos de Hegel são, então, três:

1. a divinização da razão;
2. o enfraquecimento da natureza exemplar do passado;
3. a reivindicação de que a afirmação da vida é possível somente da perspectiva de seu fim.

Examinemos os três rapidamente.

A filosofia de Hegel é um panlogismo, argumentando que a razão prova que é capaz de reunir o todo da existência, de tornar nossa vida absolutamente significativa. O que poderia estar errado com isso? Nós já vimos isso antes: uma vez que alguém se torna tudo não há nenhum lugar para ir, o que significa que a vida acaba se tornando sem sentido. A vida, tal como Nietzsche o mostra repetidamente, é finita e necessita, então, de um horizonte finito no qual ela possa existir. Mas isso significa dizer que ela pode afirmar a si mesma apenas em uma tal limitação. "Toda divinização de conceitos abstraídos, do estado, das pessoas, da humanidade ou do 'processo do mundo'", por outro lado, "possui a desvantagem que ela alivia a carga do indivíduo e, então, atenua sua responsabilidade" (7/662). Embora isso possa soar bem aos nossos ouvidos, significa que o indivíduo perde sua relação ao mundo como aquele pelo qual ele é responsável.

O segundo problema concernente à natureza exemplar do passado fica mais claro uma vez que nos voltamos para as três formas de história que Nietzsche esboça em *Sobre as vantagens e as desvantagens da história para a vida*. Ele pergunta lá como a criação é possível na história, considerando que não podemos compreendê-la em termos de ideais ou utopias. Se a razão não fica fora da história, não estamos aprisionados à história e forçados a repeti-la infinitamente? A ideia do novo, tal como Nietzsche o afirma, é uma ideia teológica; assim, como pode haver algo de novo na história, uma vez que Deus morreu? A resposta de Nietzsche a essa questão depende da natureza exemplar do passado. Se podemos relembrar a história e ver grandeza, então isso significa que a grandeza é possível na história. Isso é o que Nietzsche chamaria de "história monumental", como sendo inspirada nos grandes "monumentos" do passado. Mas se, como Hegel, compreendemos nossa presença como o ponto mais elevado da história, então tudo que é passado parece, em comparação, pequeno e insignificante. Enquanto agora, no final da história, o todo da história parece significativo, é apenas em respeito a seu movimento em direção à nossa presença. Toda "grandeza" do passado é, assim, relativa à nossa própria existência, e se há algo de grandioso no passado, então, a grandeza parece impossível: "toda tentativa de compreender o presente como um ponto alto arruína essa presença, à medida que ela nega o significado exemplar da história" (7/646).

O terceiro problema diz respeito a uma afirmação da vida. Para Hegel e Nietzsche a tarefa da filosofia é tornar possível uma afirmação da vida. Ver a história da perspectiva da vida significa, para Nietzsche, ser capaz de dizer sim para a vida, mas fazer isso em seus próprios termos. A afirmação da vida finita a partir da perspectiva da vida absoluta, por outro lado, sempre coloca a vida em perspectiva e ainda confere uma legitimação última à morte, que Hegel chama de mestre absoluta.

A afirmação de Hegel da existência a partir da perspectiva da mais elevada maturidade do juízo, que na noite da existência compreende a si mesma como idêntica a seu mundo, fica, então, em oposição à afirmação de Nietzsche da vida a partir da perspectiva da terra infantil da criação, para a qual a história é um começo constante sem fim. O horizonte hegeliano da história é, então, fechado e somente compreendido nesse fechamento, enquanto o horizonte nietzscheano da história se move no interior do horizonte do infinito. Enquanto para Hegel o fim da história promete coletar tudo que aconteceu nela, a história de Nietzsche sem um fim promete que nada está perdido apenas porque tudo irá retornar. Afirmar a vida é, então, possível somente por causa do desespero e da esperança da doutrina do *eterno retorno do mesmo*. A natureza efêmera da existência é aqui avaliada na "busca por uma eternidade de tudo: é permitido verter os mais preciosos unguentos e vinhos no mar? – e o meu consolo é que tudo foi eterno: – o mar irá lavar de novo tudo na praia" (13/43).

Dizer, para Nietzsche, que ele está em oposição a Hegel é, então, dizer que a própria lógica é um produto da história e que ela, portanto, nunca chegará a um fim. Mas isso significa não apenas que a consciência não está em posse de sua própria verdade, mas também que a lógica não é em essência completamente lógica. É por isso que Hegel reclama da ideia hegeliana da dialética como um otimismo filosófico infundado. Para esclarecer sua oposição a Hegel, Nietzsche diz: "Eu vejo na própria lógica uma forma de desrazão e sorte. Tentamos compreender a evolução do ser humano em termos da maior desrazão, isto é, sem qualquer razão" (11/253).

DAS VANTAGENS E DESVANTAGENS DA HISTÓRIA PARA A VIDA

O problema real da história não é, então, da memória, mas sim do esquecimento, embora não um esquecimento como ignorância, mas como o encapsulamento em um horizonte no interior do qual a vida se torna possível. Se esse horizonte é excessivamente amplo ou mesmo se desaparece completamente, então a alienação da vida de seu mundo se segue. Se o horizonte é excessivamente limitado, então, de novo, a vida se torna passiva pois lhe falta o espaço necessário para seu desenvolvimento. A vida humana é impossível sem história e se torna impossível com a tentativa moderna de dissolver o todo da história em conhecimento, porque isso significa delimitar o horizonte da vida. Viver historicamente significa, para o ser humano, viver sua finitude de uma maneira positiva. Ele vive caminhando constantemente em uma corda bamba entre excesso e falta de história, sem ser conscientemente capaz de traçar uma linha entre os dois. Sem memória o ser humano viveria como um animal, sem passado ou futuro, embora sem esquecer que seria confrontado com a verdade, a saber, a de que há apenas devir, ainda que a vida não possa existir no puro devir. "Como um próprio discípulo de Heráclito, ele [para o qual o devir é a absoluta verdade] não ousaria levantar sua mão" (HL 62).

Não apenas é a ideia da verdade sem devir a figura da morte – como Platão já a descreveu –, mas na presença do puro devir há aquela mesma morte de novo. A *vontade de verdade* é, então, absolutamente contraditória. A vida humana é aquela vida que não pode existir sem verdade, embora a verdade, ao mesmo tempo, ameace a vida. *Fiat veritas pereat vita*, como Nietzsche afirma no ensaio sobre a história, o que significa dizer, traduzido de forma aproximada: quando a verdade vem a ser, então a vida perece. Poder-se-ia igualmente dizer que a vida humana é a vida que não pode existir sem relação com seu passado. Mas essa relação com seu passado é necessariamente trágica. Enquanto a criança vive despreocupada com seu passado ou futuro, virá o dia em que ela

> irá compreender a expressão "era", aquela senha com a qual luta, sofrimento e tédio se aproximam do homem para recordar-lhe o que sua existência é basicamente – um tempo imperfeito que nunca se completa. E quando a morte finalmente traz o almejado esquecimento ela também rouba o presente e a existência, imprimindo seu selo nesse conhecimento: que a existência é apenas um vindo-a-ser ininterrupto, uma coisa que vive negando a si mesma, consumindo a si mesma e contradizendo a si mesma. (HL 9)

Falar aqui acerca do trágico é dizer que o ser humano tem de encontrar um equilíbrio entre a memória e o esquecimento, sem, como dissemos, ser apto a fazer uso da escolha racional. A atitude saudável frente a história não é fundada sobre uma memória absoluta que recolhe o todo do devir histórico, mas sobre um esquecimento ativo, o que quer dizer, sobre atividades que permitem um esquecimento não como ato da consciência, mas como um modo prático de se relacionar com a história. Em outras palavras, dizer que o esquecimento é a base da memória é dizer que eu não posso deixar para a razão dizer o que deveria ser relembrado e o que deveria ser esquecido. Nesse caso, eu teria de relembrar o que esquecer. É por isso que Nietzsche conclui que o conhecimento histórico não é uma questão de representação consciente, mas sim ações variadas que a existência histórica requer.

Se tudo que é, é na medida em que é histórico, então podemos facilmente distinguir três momentos da existência histórica. Algo tem de ser trazido à existência, tem de ser sustentado no interior da existência, e, para haver um futuro, tem, finalmente, de retornar à inexistência. Nietzsche discute esses três modos de criação, preservação e destruição sob as formas da história monumental, da história arqueológica e da história crítica. A vida tem de encontrar um equilíbrio entre essas três formas, construída sobre um equilíbrio encontrado no interior de cada uma dessas formas. Por exemplo, a história arqueológica tem a tarefa de preservar o que foi criado pela história monumental. Ela faz isso por meio da veneração do antigo. Mas, se essa veneração se torna despótica, o ser humano revestirá com valor algo velho e não estará apto a valorar nada de novo. O mesmo acontece com a história crítica se ela se torna despótica: quase tudo aparece como digno de destruição, conduzindo daí ao juízo de que a própria vida não tem nenhum valor.

O maior milagre da história é, então, que o novo seja possível. Criar algo novo no interior da história sempre implica uma certa contradição, pois essa criação é ou um efeito ou uma causa *a priori*, em cujo caso ela encontra sentido no passado e, então, não é nada de novo, ou é algo que se sobressai na história, sendo, assim, uma criação precisamente porque quebra a "cadeia causal". É por essa razão que Nietzsche chama de "história monumental" esse tipo de história. Aqui a criação se torna primeiramente possível à medida que o ser humano se dá conta de que ela já foi possível. Ver uma grande obra de arte emergindo no passado significa que a criação existiu e, então, pode existir. É que o artista se inspira não "no que foi", mas sim simplesmente em "que foi", o que significa que não se trata de uma cópia do que foi, mas como uma cópia somente do grande momento. Nietzsche vê o primeiro exemplo para uma tal história monumental no Renascimento, que ele compreende como o maior movimento histórico desde a Grécia Antiga. Os artistas do Renascimento se inspiram muito na época grega. E, entretanto, eles não a copiam, eles não tentaram se tornar gregos, mas sim criaram a partir da possibilidade da criação artística que é a Grécia clássica. Na linguagem que introduzimos antes, eles estavam interessados na *Geschichte*, a história efetiva, e não no detalhe histórico.

Podemos ver aqui a relação entre as questões da história e a educação. Uma educação exitosa atinge a inserção de seu aluno na história. O aluno terá, primeiramente, de aprender a suportar o peso da história, então, a destruir esse peso, para se tornar, depois, capaz de agir. O estágio do camelo corresponde, então, à história arqueológica, o do leão, à história crítica e o da criança, libertada para a criação, à história monumental.

Para esclarecer essa noção de criação, podemos olhar para a ideia tradicional de educação de um pintor. Ele deveria, primeiramente, ter sido instruído a admirar as grandes obras de arte copiando-as. O "milagre" histórico dessa instrução consiste no fato de que embora sendo ensinado a repetir obras do passado, o objetivo consiste no artista encontrar seu próprio estilo de expressão, em tornar possível repetir a grandeza da arte histórica ao pintar algo novo. Sem as grandes obras do passado eles não seriam nem mesmo capazes de escolher a si mesmos como artistas e, em relação a esse aspecto, sem história não haveria nenhuma arte. O que é importante aqui, para Nietzsche, é que a noção de criação escapa a todas as tentativas de compreensão. O entendimento compreende à medida que ele se refere à causa daquilo que ele tenta compreender, mas, à medida que uma obra de arte pode ser chamada de "grande" ela não tem uma causa. É, então, possível ensinar como copiar grandes obras de arte, enquanto não é diretamente possível ensinar a criação de obras de arte. O artista, independentemente de se o tomamos no sentido mais amplo ou no sentido mais estrito que Nietzsche tem em mente quando fala acerca da autocriação da humanidade, é, por essa razão, sempre ininteligível para si mesmo tanto quanto para nós.

Nietzsche coloca isso de uma forma um pouco mais complicada na "Segunda meditação extemporânea", onde ele chama o artista Rafael de uma *natura naturans*, ou uma natureza criativa. *Natura naturans* é um conceito que Nietzsche toma de Espinosa, em cujo sistema panteísta Deus é descrito como existindo inseparavelmente do mundo. Espinosa pode dizer, por essa razão, em sua *Ética*, que Deus ou Natureza são dois nomes para uma mesma coisa, de tal forma que somente é preciso distinguir entre *natura naturans,* natureza ativa – traduzida literalmente como "natureza naturante" – e *natura naturata*, natureza passiva – "natureza naturada". Essas duas naturezas estão relacionadas uma com a outra como verdade e necessidade, ou como arte e ciência, o que equivale a dizer que a "natureza naturada" pode ser compreendida de um modo científico, por assim dizer, como se fosse a matéria morta, enquanto a "natureza naturante" é, por princípio, incognoscível. E, entretanto, criar e compreender se referem aqui à mesma "coisa". Se você comparar esses pontos às afirmações de Nietzsche concernentes à história, pode ver que o cientista é limitado a considerar os resultados do processo criativo, enquanto o artista, que se tornou indiscernível do mundo, retira "suas" criações da natureza. A criação é, então, possível somente por meio de uma imersão completa na história.

A vida moderna encontra a si mesma sofrendo na história. Nietzsche chama esse sofrimento de doença histórica. E, no entanto, por ser impossível transcender a história enquanto tal, Nietzsche e nós mesmos habitamos ainda nessa doença. Podemos ver, consequentemente, a contradição em nossa ocupação com a história: à medida que tentamos compreender a possibilidade da criação na história, esses três momentos de criação, preservação e destruição pertencem todos ao problema da criação. Contudo, enquanto temos um problema com uma tal criação, entramos em uma investigação dos limites e valores da história. Chamaremos uma tal investigação de crítica. Nietzsche está desenvolvendo, portanto, a partir daqui, uma abordagem crítica da história, pois estamos olhando para o todo da criação, preservação e destruição a partir da perspectiva da destruição imanente à crítica. Estamos hoje, como Kant diz, na idade da crítica e tudo tem de se submeter a uma tal crítica. Mas a crítica, ainda que tendo um papel valoroso a desempenhar na história, torna a história insuportável uma vez que se torna despótica.

Parece que todas as três formas da história podem ser vistas a partir da perspectiva da vida tanto quanto a partir da da crítica, e essas formas da história aparecem progressivamente como da força afirmativa da vida ou da fraqueza negadora da vida. Em outras palavras, podemos ver que a história arqueológica, por exemplo, é construída mais sobre um sentimento do que sobre uma abordagem da razão pura e do juízo objetivo. E, entretanto, mesmo a história crítica, que parece ser a subjugação de algo à faculdade de crítica, é um tipo de desrazão. Ela destrói cegamente uma vez que nada no mundo possui uma legitimação absoluta e, por conseguinte, tudo parece ser digno de destruição.

O problema colocado na "Segunda meditação extemporânea" é o seguinte: Nietzsche distingue três formas da história, uma das quais é chamada de *história crítica*. Todas essas formas possuem direitos "iguais" em momentos diferentes; todas essas formas podem ser empregadas tanto positiva quanto negativamente. Entretanto, o momento histórico no qual a história crítica vem a si mesma é precisamente aquele no qual o ser humano entretém uma relação à história que pode ser descrita como uma enfermidade, uma *doença histórica*. Além disso, esse momento é o momento mesmo em que, motivado por essa enfermidade, Nietzsche escreve uma crítica da história. O texto que estamos lendo concerne, consequentemente, a uma história crítica na era caracterizada por uma massa autoritária de história crítica; ao final, como Nietzsche o diz, esse ensaio possui ele mesmo um estilo muito moderno.

ENCONTRANDO UM ESTILO PARA FILOSOFAR

A questão da história é, então, proposta por Nietzsche em dois passos. O primeiro considera a análise da história tal como a vivemos na época do historicismo; o segundo diz respeito à nossa habilidade de agir contra a enfermidade histórica sem ser capaz de pular para fora dela. A vida necessita de um horizonte histórico fechado, enquanto a prevalência moderna da história crítica não permite um tal fechamento. Isso ocorre porque a prevalência da crítica histórica conduz à conclusão de que a nossa relação com o mundo como tal e com a sua realidade histórica é dada somente através dos juízos do intelecto. Criticar essa prevalência parece, então, impossível, pois ela envolveria uma crítica do entendimento por meio do entendimento.

E, contudo, já vimos que a tentativa de manter um equilíbrio no interior e entre as três diferentes formas da história não pode ser levada a termo pelo entendimento. Nem a história monumental nem a história arqueológica, e nem mesmo a história crítica tem uma "base racional". Elas são incapazes de compreender a si mesmas plenamente e a tentativa de atingir uma tal compreensão antes exacerba o problema. A solução não pode ser encontrada no nível da razão, mas somente no nível do estilo. Para Nietzsche, que quer tratar do problema da enfermidade histórica, se coloca, então, nesse ponto, a questão de um estilo do pensamento como a mais urgente questão. Esse é o problema central do ensaio *Sobre as vantagens e desvantagens da história para a vida*: como se pode fazer filosofia com o propósito de tratar do problema do niilismo, dado que o niilismo é um resultado da filosofia? Na seção 10 da "Segunda meditação extemporânea", Nietzsche escreve que sua própria obra, necessariamente, padece de "seu caráter moderno, um caráter marcado pela fraqueza de personalidade" (HL 58).

A análise da história é, então, desenvolvida por Nietzsche em direção a uma crítica da cultura moderna como uma falta de estilo. Essa fraqueza de personalidade nos remete à distinção moderna entre mente e corpo. Já vimos que reduzir a questão do conhecimento à racionalidade da mente elimina qualquer necessidade de considerar o estilo do pensamento, na medida em que ela depende da distinção entre forma e conteúdo. No fim, dizemos que não importa como dizemos algo; tudo o que importa é o que dizemos. Contudo, se o pensamento não é independente do corpo individuado, então a questão que surge é a da unidade do ser pensado. Nietzsche pretende apreender essa unidade como o que ele chama de "o grande estilo". A resposta para questões filosóficas será, então, dada pelo modo da ação do ser humano através do qual seu estilo constitui a si mesmo.

Entretanto, essa questão do estilo não pode ser reduzida ao nível do indivíduo. Uma visão histórica da humanidade não pode ser abstraída da sociedade, de uma sociedade que integra, mas que também, consequentemente, unifica. A unidade de que um povo precisa não exclui sua mudança, e nem mesmo sua mudança ao ser afetado por algo externo. Vice-versa, tal como com qualquer outra entidade, quanto maior for a habilidade de ser afetado maior será o poder de um povo – à medida que ele permanece um povo historicamente existente. O que Nietzsche critica é uma sociedade na qual não faz diferença de qual cultura você se origina, na qual não tem consequências quem você é. Enquanto uma tal sociedade poderia parecer, à primeira vista, uma sociedade justa, ela é uma sociedade que não faz justiça a ninguém em particular, precisamente porque é uma sociedade indiferente, isto é, uma sociedade na qual não faz nenhuma diferença quem você é nem mesmo *se você é*. A uma tal sociedade indiferente, que poderia mesmo expressar sua verdade nas palavras de Margaret Thatcher, a saber, que "não há uma tal coisa como sociedade", Nietzsche opõe as seguintes palavras:

> A cultura de um povo em contraste ao (...) barbarismo foi uma vez designada (...) como unidade do estilo artístico em todas as expressões de vida de um povo; (...) o povo que pode ser chamado de dotado de cultura tem de ser, em realidade, uma unidade viva e não se divide tão miseravelmente em interior e exterior, conteúdo e forma. (HL 25)

É devido à falta de limites do horizonte histórico moderno que o europeu se volta para dentro. É porque não há nada alheio fora do sujeito que o sujeito se retira para si próprio; e ele tem de fazer isso precisamente por causa da natureza indiferentemente idêntica de todos os sujeitos. Nietzsche denuncia, por essa razão, a diferenciação entre interior e exterior como um efeito da modernidade. Na medida em que todos os sujeitos humanos são declarados essencialmente os mesmos, tudo o que é deixado para eles é sua própria interioridade. Enquanto esses sujeitos humanos são, pela mesma razão, eles mesmos formas vazias e deterioradas, eles perseguem somente aqueles prazeres que não colocam em perigo nem a eles nem ao mundo. O ser humano da modernidade não irá procurar, finalmente, nada além de experiências vazias, durante as quais ele experiencia a si mesmo como qualquer pessoa indiferentemente, e o mundo como a própria indiferença. Enquanto nós hoje em dia proclamamos com frequência que nunca houve uma época que tenha valorado mais a vida e a felicidade humana do que a nossa, um mundo indiferente pode somente abrigar sujeitos indiferentes.

Esse indivíduo humano que não desempenha mais nenhum papel na sociedade, que é observado como tão mais saudável quanto mais quieta é a vida que leva, desfrutando de nada além de um conhecimento que o deixa ileso. Ele tem sede daquilo que não exige nada dele. A forma perfeita desse conhecimento é o jornalismo, o comércio de peças distintas de informação que não se distinguem umas das outras nem através de seu conteúdo nem através do modo pelo qual elas afetam aquele que conhece, mas sim através de seu valor de novidade. A vida moderna é, então, de alguma maneira semelhante ao que Søren Kierkegaard (1813-55) chamou de uma "existência estética", quer dizer, uma existência reduzida a uma vazia corrente de experiências "estimulantes". O exemplo principal de Kierkegaard para uma tal vida é a figura de Don Juan, que corre de experiência em experiência sem que essas nunca tenham nenhum efeito sobre ele. A cultura jornalística da modernidade

> dá origem ao hábito de não tomar mais as coisas efetivas com muita seriedade, dando isso origem à "personalidade fraca" (...); na exterioridade a pessoa se torna ainda mais negligente e indolente, ampliando o abismo crítico entre conteúdo e forma ao ponto da insensibilidade à barbárie, se apenas a memória é estimulada de novo, se apenas mesmo as coisas novas a serem conhecidas permanecem fluindo para serem nitidamente colocadas em exposição nos casos da memória. (HL §4, p. 25).

A crítica da nossa época parece tão absoluta que poderíamos nos espantar acerca de como Nietzsche considera ser capaz de fazer alguma coisa. Essa época somente pode criticar o passado e através disso extirpar o futuro. Como pode alguém ser extemporâneo? Vimos que temos de observar a ciência histórica a partir da perspectiva da vida, mas o que essa perspectiva nos dá? Ela não nos fornece bons argumentos. Tudo o que ela nos dá, antes de tudo, é um sentimento. Há esperança porque um sentimento deu origem à crítica da história. Esse sentimento é um sentimento de juventude, da vida expressando uma postura contra seu tempo. Antes de tudo, não se trata, então, de uma questão acerca de quais argumentos Nietzsche fornece, mas sim da motivação desses argumentos. Esse sentimento não conduz a uma solução do problema, mas conduz a uma compreensão [*realization*] do problema.

Como já vimos algumas vezes, a primeira distância que se pode tomar em relação à própria época consiste na compreensão da enfermidade, e *saber que se está doente é o primeiro passo para a cura*. Quando essa cura é compreendida como a saída da doença, ela toma a forma de um remédio. Agora, muitos remédios são indistintamente venenos. Eles com frequência não agem diretamente contra a doença, mas sim preparam ou ajudam o corpo a lidar com a doença. Nietzsche formula aqui, pela primeira vez, ao resposta ao niilismo como um niilismo ativo:

> A origem da educação histórica – e a sua contradição interna radical ao espírito de uma "nova era", de uma "consciência moderna" – essa origem *tem de* ser, por sua vez, compreendida historicamente, a história tem de dissolver ela mesma o problema da história, o conhecimento tem de virar seu ferrão contra si mesmo. Esse triplo *tem de* é o imperativo do espírito da "nova era" se é que realmente contém algo de novo, poderoso, original e uma promessa de vida. [HL § 8, p. 45]

Esses três passos:

1. "a origem da educação histórica (...) tem de ela própria (...) ser compreendida historicamente";
2. "a história tem de ela mesma dissolver o problema da história";
3. "o conhecimento tem de voltar seu ferrão contra ela mesma".

Constituem um desdobramento do problema, já que eles se movem do movimento superficial para sua causa radical subjacente.

A história crítica era a ideia de que o conhecimento solapa todo valor em nome da verdade. Mas uma vez que o conhecimento volta seu ferrão contra si mesmo, uma vez que ele pergunta para que a verdade é boa, ele continuará a perguntar, em nome da verdade, se ele é verdadeiro ou falso. Essa é a formulação para a necessidade de uma filosofia absolutamente cética. E ela é absoluta por não tentar desmontar nossas crenças para ver se há algo que as sustenta que não pode mais ser colocado em dúvida.

Daqui se seguem as três fases da obra de Nietzsche que esboçamos acima. Primeiro de tudo, há a "história crítica da história crítica", que é a do nosso presente e que é o que Nietzsche começa em suas três grandes obras céticas, *Humano, demasiado humano*, *Aurora* e *A gaia ciência*. O projeto perseguido nesses escritos, na obra que o ocupou seriamente pelos oito anos seguintes, foi, então, concebido aqui no ensaio *Sobre as vantagens e as desvantagens da história para a vida*. Esse projeto adquire sua força da esperança de que a atitude crítica finalmente conduzirá à solução do problema mesmo.

Mas o que se pode aqui esperar de um tal niilismo ativo? Como o próprio Nietzsche dizia, ele é um dos três grandes niilistas do século XIX, mas com a esperança de voltar para "alguma coisa". Voltamos, então, à questão fundamental da história, a saber a questão da autocriação do ser humano. Essa ideia de voltar para "alguma-coisa" funciona, então, por causa da história monumental. Essa sempre foi a resposta para um sentimento irresistível de que não pode haver nada de novo na história, de que tudo se segue do passado, podendo, portanto, ser compreendido como um efeito de uma causa. Similarmente, pensamos nossa natureza como algo de dado e de imutável. Mas, olhando para a história vimos que isso está longe da verdade; que, de fato, aquilo que julgamos ser a natureza das coisas foi criado em algum ponto. E que se isso for possível, ele deveria ser possível de novo. Isto é, por assim dizer, a tentativa de substituir nossa natureza por uma outra. Essa nova, segunda natureza não pode ser vista como um desenvolvimento da outra, na medida em que a primeira não permite um tal desenvolvimento.

> Na melhor das hipóteses, podemos produzir um conflito entre nossa natureza inata, herdada e o nosso conhecimento, tanto quanto como uma batalha entre uma disciplina estritamente nova e a educação antiga e criação; nós implantamos um novo hábito, um novo instinto, a segunda natureza tal que a primeira natureza enfraquece. É uma tentativa, por assim dizer, *a posteriori* de dar a si mesmo um passado do qual a pessoa gostaria de ter descendido: – sempre uma tentativa perigosa porque é tão difícil encontrar um limite em negar o passado e porque segundas naturezas são o mais das vezes mais frágeis do que as primeiras. (HL 22)

Essa maneira nova e criativa de compreender a história fortemente adversa "àquilo que chamamos de sentido histórico", a saber a habilidade "de perder crescentemente esse sentido da surpresa, não ser mais excessivamente surpreendido por nada, finalmente tolerar tudo" (HL 41). Contra a "tendência analítica e não artística de nosso tempo (HL 39), o historiador, como um artista, "tem de ter a força para remodelar o bem conhecido em algo nunca ouvido antes" (HL 37). O historiador genuíno tem, então, de combater o sentimento de indiferença que governa a modernidade. O engajamento com a história libertará o ser humano do sentimento de ser determinado por um passado para abri-lo para seu destino, quer dizer para seu futuro. Ele tem de libertar o ser humano de seu presente. O melhor resumo do pensamento de Nietzsche relativo à história pode ser encontrado em seu ensaio "Schopenhauer como Educador", onde ele formula a tarefa do filósofo, tal como o historiador genuíno, como a de tornar o presente imperceptível.

> Todo presente é intrometido; ele afeta e determina o olho mesmo contra os desejos do filósofo; e, involuntariamente, ganha muito peso na prestação de contas final. Por essa razão, o filósofo tem de avaliar a diferença de seu tempo em relação a outros e, ao ultrapassar para ele mesmo o presente, ele tem também de ultrapassar o presente na imagem que pinta da vida. Ele tem de tornar o presente imperceptível; tem, por assim dizer, de pintar sobre ele. (1/361)

3

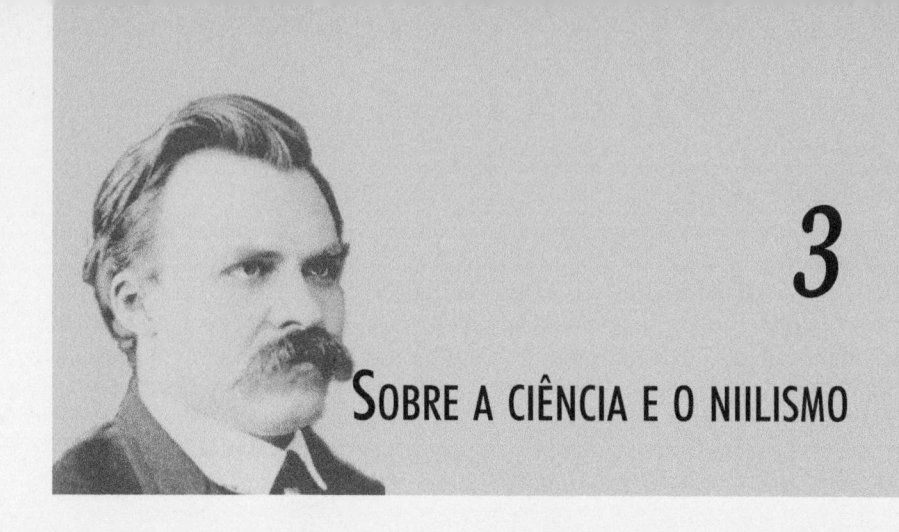

Sobre a ciência e o niilismo

> Novos conflitos – depois da morte de Buda, sua sombra se exibiu por séculos em uma caverna (...) Deus está morto, mas pensando como os seres humanos, haverá ainda cavernas por milhares de anos nas quais sua sombra ainda se mostrará. – E nós, nós ainda temos de ultrapassar sua sombra, também.

A mais conhecida citação das obras de Nietzsche é a afirmação de que "Deus está morto". Tendemos muito facilmente a pensar que essa pode ter sido uma afirmação demasiadamente radical no século XIX, enquanto hoje ela se tornou uma opinião perfeitamente aceitável. Algumas pessoas são ateias, outras não, mas ser um ateu deixou de ser algo chocante.

Lidamos, então, com a questão da existência de Deus na maior parte das vezes como lidamos com qualquer outra questão, a saber como uma questão de crença. Algumas pessoas acreditam em Deus, outras não, e todos deveriam ser livres para formar sua própria opinião em relação às suas crenças. Já nos deparamos algumas vezes com a crítica de Nietzsche das "crenças" e veremos, aqui, de novo, que o problema para nós é que crenças são geralmente indiferentes umas às outras quanto ao mundo. Quer dizer, facilmente pensamos que se pode acreditar em Deus ou não sem que isso tenha muito efeito sobre as outras crenças que podemos sustentar. Portanto, não pensamos que com a morte de Deus tenhamos perdido muito além de um item de crença entre outros. Nietzsche, por outro lado, tenta nos persuadir que com a morte de Deus tudo muda e nada permanecerá o mesmo. A *morte de Deus* é, então, o nome para essa fase transitória que nós, acima, chamamos de niilismo.

NIILISMO: DEUS ESTÁ MORTO

Essa é a situação que Nietzsche descreve na seção 125 de *A gaia ciência*. Aqui o "louco" corre pelo mercado e anuncia para as pessoas que estão lá que ele procura por Deus. As pessoas riem dele; jocosamente eles perguntam se Deus se perdeu, se ele se escondeu ou se ele pode ter emigrado. Nietzsche apresenta as pessoas na praça do mercado como "muitos daqueles que não acreditavam em Deus. Estranhamente, as palavras "muitos" e "aqueles" estão com maiúsculas no original, indicando que esses não crentes representam os muitos que constituem nossas sociedades contemporâneas.

Esses são "muitos" porque eles, sem ter compreendido isso, perderam aquilo que os mantinha unidos, a saber, a religião. E eles são muitos na medida em que pensam acerca de si mesmos como possuidores de crenças que sustentam "pessoalmente". Eles poderiam, então, compartilhar crenças com os outros ou discordar acerca dessas crenças, mas um tal compartilhamento não é muito diferente do compartilhamento de propriedades entre vários objetos. Tão pouco quanto uma mesa vermelha é afetada por pertencer ao grupo de todas as mesas vermelhas, do mesmo modo é afetado aquele que tem uma certa crença por pertencer ao grupo de todos os crentes. Em outras palavras, sem a comunhão da religião os seres humanos perdem o vínculo essencial entre eles, tornando-se, então, unidades isoladas. Vimos isso no último capítulo quando falamos acerca dos indivíduos modernos se retirando para suas vidas privadas individuais por causa da oposição entre interno e externo, e chamamos isso de niilismo. Se as crenças que sustento ou não são indiferentes a mim e ao mundo como tal, então não posso acreditar nem no valor do meu conhecimento, nem no valor do mundo "externo". A noção do pensamento como crença indiferente é ela mesma niilista, o que quer dizer que não importa se acredito ou não nesse niilismo. Igualmente, parece, aqueles que "acreditam" em Deus são tão ateus quanto aqueles que não acreditam. Deus está morto, e no que quer que acreditemos ou não, não faz grande diferença.

Muitos, então, não acreditam em Deus, mas eles também não parecem sofrer com isso. Pelo contrário, eles estão rindo. Niilismo, como disse Nietzsche, nos afeta quanto mais permanecemos inconscientes acerca dele. Nietzsche não tenta persuadir as pessoas que acreditam em Deus que elas não o deveriam fazer. Ele não fornece argumentos a favor ou contra a existência de Deus. Antes, ele tenta convencer a nós, ateus, que o mundo não permanece o mesmo agora que Deus morreu. E, contudo, é isso precisamente que tendemos a pensar, a saber, que o mundo é hoje o mesmo que sempre, exceto que não acreditamos mais em Deus.

Mas, como se pode dizer que Deus morreu? E, se ele uma vez existiu, ele não deveria, como imortal, existir para sempre, e por necessidade? E se a morte de Deus implica que ele tenha existido, o que precisamente perdemos com a sua morte? De fato, um dos mais influentes argumentos em favor da existência de Deus, o argumento ontológico, concebido primeiramente por Santo Anselmo (1033-1109), prova que Deus não pode não existir, o que significa dizer que a existência de Deus é logicamente necessária. Enquanto podemos imaginar o mundo sem esse ou aquele animal, talvez mesmo sem rios, montanhas ou belas ilhas, não podemos pensar em um mundo sem Deus. Mas, sem ir aos detalhes do argumento, ele não tem necessariamente de estar errado, considerando que somos capazes de pensar um mundo sem Deus? Por fim, Platão já havia dado provas da existência de Deus, e a necessidade de uma prova parece implicar que há pessoas que não acreditam em Deus.

Mas precisamos apenas observar um pouco mais atentamente esses argumentos para ver que sua ênfase reside antes na noção de "mundo" do que em uma crença em uma entidade divina. Platão fornece seu argumento como uma alternativa para a punição dos ateístas. Por que os ateístas deveriam ser punidos? Porque eles cometem o maior crime contra a humanidade. O ser humano está no meio do caminho entre o céu e a Terra, quer dizer, o mundo é o que está aberto entre o céu e a Terra. Mas sem a existência divina não há nenhum "entre". Em outras palavras, tudo o que caracteriza a humanidade enquanto tal – o pensamento, a liberdade e autodeterminação política – é possível somente com respeito à existência divina. O ateísta, Platão, então, argumenta, retira a liberdade e a humanidade de todos, o que leva à conclusão de que o ateísmo é um crime pior do que assassinato. Hoje, podemos dizer, seguindo a distinção de Descartes entre a mente pensante e o "mundo" extenso que se o "mundo" ele mesmo fosse uma das relações meramente mecânicas entre as coisas materiais, então a vida humana como tal se tornaria impossível.

Aproximadamente 1.500 anos depois de Platão, o argumento de Santo Anselmo torna esse ponto um pouco mais claro. Poderíamos pensar que um argumento em favor da existência de Deus é elaborado para persuadir aqueles que não acreditam nele. Uma das críticas feitas a Santo Anselmo era, então, a de que seu argumento não iria abalar ninguém que não acreditasse. Estranhamente, ele responde a essa crítica dizendo que ele não está falando com o idiota que disse em seu coração que Deus não existe. Acabaram seus argumentos e ele passou a insultar? Ou há uma razão melhor para isso? Há dois pontos de interesse para nós. Primeiramente, Santo Anselmo fica muito feliz com o fato de que um bom argumento nunca irá persuadir ninguém da existência de Deus. De fato, poderíamos pensar que a mera ideia de prover existência a Deus está perto de ser impossível, e mesmo herético. Tal como Anselmo torna claro em seu argumento ontológico original, Deus existe na fé e se ele não existe na fé nenhum argumento irá modificar nada acerca disso: se o coração diz não, não importa o que a mente pondera.

E, como consequência, somente aqueles que têm fé em Deus podem compreender o argumento, enquanto, como Anselmo o disse, ele não pode persuadir o idiota. Mas, por que alguém que tem fé necessitaria de um argumento? Ele não pode sustentar uma fé de outro modo vacilante, pois, como já mostramos, é a fé que tem de suportar a prova. E por que o ateísta é um idiota? Um idiota é alguém que, embora talvez muito inteligente, nunca consegue tocar a realidade por meio de suas palavras. Isto é, suas palavras não se fixam à realidade, mas a algum outro mundo, existente apenas na sua mente. Quando

Nietzsche, assim, no *Anticristo*, chama Jesus de idiota, isso não é pensado como um simples insulto, mas sim ele está dizendo que quando Jesus parece estar falando sobre esse mundo, ele está sempre realmente falando acerca de um outro mundo. Quando ele fala acerca da vida, por exemplo, ele realmente está falando acerca da vida eterna, quer dizer, acerca da morte. Jesus Cristo, como Nietzsche o diz, fala somente por metáforas e nunca diz a verdade.

O argumento de Santo Anselmo, portanto, tenta localizar a razão pela qual alguém cujo "coração" tem fé em Deus pode estar seguro de não permanecer um idiota, o que quer dizer que sua fé unirá seu pensamento e a realidade. Acreditar em Deus torna, então, possível o mundo humano como um mundo no qual eu vivo e acerca do qual eu posso me comunicar com outros no interior da minha comunidade religiosa. E é por isso que eu não posso pensar em um mundo sem Deus. Sem Deus eu, então, não penso em nada, como se o pensamento tivesse perdido sua relação com um mundo.

Esse não é um argumento isolado de um padre do século XI. Podemos encontrar a mesma convicção na obra de René Descartes, *Meditações sobre a filosofia primeira*, acerca da qual já ouvimos algumas vezes. Descartes nos apresenta seis meditações, que começam com a possibilidade de que todo o conhecimento no sentido próprio da palavra poderia ser impossível e terminam com a ideia de um mundo estabelecido sobre a noção de uma certeza da verdade. Vamos procurar sucintamente por uma razão de por que as meditações três e cinco são dedicadas a dois diferentes argumentos para a existência de Deus. Encontramos, no começo da segunda meditação, a famosa conclusão de que não importa quanto eu possa estar errado e iludido em cada e todo pensamento, não posso duvidar que estou pensando. Portanto, também não posso duvidar das imagens nas quais estou pensando. Por exemplo, tenho experiências enquanto caminho pelo campo. Eu vejo, talvez, lebres e rios. Enquanto posso ser logicamente capaz de duvidar que eles realmente existem, não posso duvidar que os vejo, da mesma maneira que eu poderia, após despertar, duvidar que o monstro com o qual sonhei tenha uma existência real no mundo, ainda que não sendo capaz de duvidar que eu sonhei com esse monstro.

A realidade da minha experiência é, então, indubitavelmente dada quando eu sou dado – por que, então, precisamos das provas da existência de Deus? Literalmente, tal como a terceira meditação torna claro, para ser capaz de falar acerca de algo que existe fora da minha mente. A primeira prova estabelece, então, que, no mínimo, uma ideia na minha mente, a saber, a de Deus, aponta para sua existência fora da mente. Mas, por que necessitamos de uma outra prova na meditação cinco que é uma variante do argumento ontológico de Anselmo? A primeira prova não era boa o suficiente? Não. A segunda prova está lá para mostrar que aquela entidade que existe fora da minha mente é um Deus que garante que todas as minhas ideias claras e distintas estabelecem uma relação com uma realidade fora da minha mente e que essa realidade é a mesma para todos os outros seres humanos. Ele, então, incita minha comunidade com o mundo e com outros. Sem Deus, eu estaria, então, condenado a viver a vida de um idiota, de alguém que fala somente acerca de um "mundo" interno à sua cabeça.

Agora sabemos por que, na seção 125 de *A gaia ciência*, a pessoa que procura por Deus é um louco e por que aqueles aos quais ele se dirige são os "muitos", e podemos igualmente ver por que a anunciação da morte de Deus assume uma tal forma dramática dizendo que nada permanecerá o mesmo após essa morte de Deus:

> O que estávamos fazendo quando libertamos essa Terra de seu sol? Para onde ela está se movendo? Para longe de todos os sóis? Não estamos submergindo continuamente? Para trás, para o lado, para a frente, em todas as direções? Há ainda altos e baixos? Não estamos vagando através de um infinito nada? (GS 181)

A noção do mundo humano, que nos dá o espaço no qual vivemos, um acima e um abaixo, uma direção para a própria vida, uma verdade que nos garante um santuário – tudo isso se perdeu com a morte de Deus. Tudo que restou é um "nada infinito", sem medida ou valoração, sem bem ou mal.

Mas, qual é o valor desse *insight* na realidade da morte de Deus? Não estão os "muitos" felizes e sorridentes, enquanto louco parece sofrer? E está o louco tentando nos alertar, de tal modo que possamos retornar logo ao santuário da fé? Ele não está dizendo que *"nós matamos* [Deus] – você e eu. Somos todos seus assassinos" (GS 181)? E podemos não ser capazes de desfazer essa ação? Vimos que Deus existe na fé e que essa fé é algo que se dá no "coração". Mas esse coração não é influenciado pelo intelecto, não é, então, influenciado por um bom argumento nem pelo *insight* na nossa necessidade dele. Ter matado Deus é um ato que é final e que não pode ser revertido. "Deus está morto. Deus permanece morto. E nós o matamos." (GS 181)

Com a morte de Deus perdemos tudo: tudo que restou não é nada, quer dizer, é niilismo. Não se trata apenas de as monarquias terem perdido sua legitimação, de as guerras não poderem ser mais travadas "em nome de Deus", de nações individuais terem perdido sua reivindicação de serem escolhidas por Deus, de o ser humano não ser mais aquele que encontra sua legitimação em ser criado à imagem de Deus, de não haver mais um *fatum* religioso que me permitiria agir sem pensar – mas o próprio ser humano, a ideia de um mundo comunal, de uma verdade que nos permite existir juntos, a ideia de uma separação entre corpo e mente, tudo isso desapareceu.

Vimos que Kant era capaz de compreender o mundo do conhecimento sem referência a Deus, mas tão logo ele pensou acerca da liberdade humana, acerca da moralidade, isso se mostrou impossível sem a voz imperativa de Deus. Podemos ainda pensar acerca do bom e do mau em termos de utilidade, mas essas não são mais as categorias morais do Bem e do Mal com seu caráter obrigatório. Poderíamos, então, dizer "não roubarás", pois o que aconteceria às nossas vidas se todos roubassem? Mas essa é uma proposição de cálculo com a qual posso me confrontar por todos os meios, dizendo mesmo que nem todos roubarão, pois muitos são demasiado tímidos, e por fim, calculando o risco de ser descoberto em relação a um ganho possível. Pensar após a morte de Deus é, então, pensar *além do bem e do mal.*

O idiota era aquele cujas palavras fracassaram em se ligar a um mundo, aquele em cuja experiência a linguagem consistia apenas em palavras vazias. De fato, sem Deus e sem a ideia de que todas as linguagens retornam à sua origem na palavra divina, mesmo a ideia de comunicação se tornou difícil. Nietzsche tratou desse problema em seu ensaio "Verdade e mentira em um sentido extramoral". Ele começa aqui com o argumento de que a ideia de verdade não é a função original do intelecto, que tem de primeiramente ter sido utilizado como um instrumento de engano. Enquanto o tigre tem dentes afiados, o ser humano tem seu intelecto. Em outras palavras, no começo da linguagem está a mentira. É somente por causa da formação de sociedades, demandando a limitação da mentira entre seus membros e a possibilidade de um acordo entre eles, que surgem a ideia de verdade e a obrigação de contar a verdade. Podemos também dizer que a questão da verdade é originalmente uma questão religiosa. Seguindo a morte de Deus, isto, seguindo o fim da ideia de que a linguagem nos foi dada para falarmos a verdade, Nietzsche afirma que

> a gênese da linguagem, em todo caso, não procede logicamente, e todo material no qual e com o qual o homem da verdade, o cientista e posteriormente o filósofo trabalham e edificam, se não é derivado da terra do nunca-nunca pelo menos não é derivado da essência das coisas. (TL 83)

A verdade é, então, sempre uma verdade humana. Ela não fala a verdade do mundo enquanto tal, mas "apenas" do mundo objetivo, isto é, do mundo humano na medida em que esses objetos são objetos para sujeitos. O que, então, é a verdade, Nietzsche pergunta, e conclui:

> uma horda movediça de metáforas, metonímias e antropomorfismos: em resumo, uma soma de relações humanas que foram poética e retoricamente intensificadas, transferidas e embelezadas, e que, após um longo uso, parecem, para um povo, fixas, canônicas e obrigatórias. Verdades são ilusões que esquecemos que são ilusões. (TL 84)

Mas a comunidade no interior da qual essas metáforas falam está ela própria perdida com a morte de Deus. Consequentemente, estou reduzido a falar acerca do meu "mundo" privado, minhas crenças idiossincráticas. Eu falo por metáforas como um idiota.

Mas, por que deveríamos ficar sem nada? Não existimos na era das ciências naturais, que atingiram uma compreensão sem paralelo do mundo? Não é a morte de Deus o nascimento das ciências modernas? Pode ser verdadeiro que a ideia do ser humano como o meio do caminho entre o céu e a Terra chegou a um fim e que o "determinista biológico" herdou a verdade da alma divina, mas não sabemos muito mais do que já soubemos? E não concordamos acerca de um tal conhecimento como "objetivo" precisamente ao fazê-lo independente de todo sujeito particular e de suas experiências? Hoje em dia, não está certa uma pessoa como Richard Dawkins quando ele vira a mesa de Anselmo e proclama em alto e bom som que é o crente que é um idiota, enquanto os ateus são muito mais espertos, muito mais racionais e de posse de muitas verdades mais?

Mas uma tal ideia depende da visão de que as ciências modernas naturais são concebidas em oposição à teologia cristã, de que elas constituem uma quebra da verdade da cristandade, enquanto Nietzsche argumenta que não há nada de novo na "visão científica do mundo". Como veremos, a época da ciência não pode ser compreendida como uma nova época, contendo "algo novo, poderoso, original e uma promessa de vida" (HL 45), mas é o fenômeno da morte da própria cristandade. É a mesma vontade de verdade que opera na ciência moderna; é o fenômeno niilista do conhecimento virando seu ferrão contra si mesmo ao colocar a questão de se essa vontade de verdade está ela própria na verdade. À medida que a "visão científica do mundo" reduz o mundo a uma soma total de fatos, ela não deixa nenhum espaço para uma tal vontade, o que significa dizer que não deixa um espaço para a própria vida. Mas, como Nietzsche argumentou no último capítulo, todo valor, incluindo o valor do conhecimento, tem de ser visto a partir da perspectiva da vida, de tal forma que as próprias ciências modernas aparecem como niilistas.

O que é negligenciado muito facilmente hoje em dia é que a questão da morte de Deus não é para Nietzsche uma questão que possa ser reduzida a questões da moralidade, da liberdade ou à noção de uma existência suprassensível que garanta sentido ao mundo sensível. Ao contrário, já que a morte de Deus concerne a nós, que vivemos na época da ciência, ela própria é a questão do valor e verdade da ciência moderna. É isso que os "muitos" na praça do mercado falham em compreender: que a morte de Deus diz respeito à insustentabilidade da nossa "visão de mundo", isto é, da ciência. Essa crítica da ciência perpassa toda a obra de Nietzsche, não sendo, por isso, surpreendente, levando-se em conta a relação entre a cristandade e a ciência, que o *Anticristo* lidará não apenas com uma denúncia da teologia cristã, mas também com uma crítica da ideia de verdade nas ciências modernas. O ateísmo verdadeiro tem de levar a efeito a morte de Deus em seu sentido concreto, e é por isso que o "ateísmo", compreendido como uma mera questão de crença, esconde seu significado real como a questão da verdade da ciência.

Vimos antes, nos casos do idealismo e do realismo, que eles aparecem como oposto, quando considerados no plano das ideias abstratas, enquanto quando considerados a partir do nível da história, eles aparecem como dois fenômenos interdependentes. Veremos que aqui, mais uma vez, poderíamos estar pensando que a ciência surge de sua contradição em relação ao cristianismo, enquanto vista em concreção, a ciência aparece como a sombra do Deus morto, como restos do cristianismo após a morte de Deus. Até que tenhamos entendido que a questão da morte de Deus erode as fundações de nosso mundo científico, não teremos compreendido nada. Nietzsche quer, então, tratar a ciência sob a rubrica de "sombras de Deus", que temos de subjugar também. Como o louco da seção 125 de *A gaia ciência* conclui após se dirigir aos "muitos" na praça do mercado: "Eu vim cedo demais (...) esse evento tremendo ainda está a caminho (...) ele ainda não atingiu os ouvidos dos homens" (GS 182).

DO NASCIMENTO DA TRAGÉDIA À QUESTÃO DA CIÊNCIA

Por mais estranho que seja, a questão da ciência não figura como um problema central na maioria das reflexões sobre o pensamento de Nietzsche. Pensa-se que Nietzsche trata de questões de estética, moralidade e metafísica. *O nascimento da tragédia* é pensado, por exemplo, como um tratamento romântico da época grega clássica a partir da perspectiva de um filólogo, e as obras posteriores são pensadas principalmente como uma elaboração de sua crítica da moralidade cristã. E mesmo lá onde os leitores encontram a noção de ciência tal como explicitamente posta por Nietzsche, os intérpretes ou dizem que o termo alemão *Wissenschaft* tem um sentido muito mais amplo que a nossa palavra "ciência", dado que ele inclui tanto as ciências humanas e mesmo a filosofia como ciências, ou eles alegam que, em seu período intermediário, Nietzsche abraçou a ideia das ciências modernas a partir da posição de um filólogo ingênuo que não tem muita ideia do que a ciência realmente é. No primeiro caso é dito que sua crítica apenas se estende à ciência chamada filosofia; na segunda que não há muita substância nessa crítica. E, contudo, o que o termo alemão *Wissenschaft* retém é que em todas essas várias ciências, das ciências "duras" como a física até as "moles" ciências humanas, falamos acerca de um problema, a saber, que com toda a atenção devida à guerra entre as ciências naturais e as ciências humanas, uma tal guerra foi possível precisamente porque o que está em jogo são os métodos de todas as ciências, como métodos nos quais baseamos nossa interpretação do mundo e de nós mesmos.

Uma "prova" que é frequentemente usada em favor dessa crítica ao pensamento de Nietzsche é a da natureza "não científica" da ideia do *eterno retorno do mesmo*, que examinaremos no próximo capítulo. A questão levantada aqui é de que a *recorrência eterna* é supostamente uma teoria científica, e os comentadores têm feito referência a uma observação feita por Nietzsche nos anos iniciais da década de 1880, a saber que ele planejava ir a Paris para estudar ciência. Eles interpretam esse desejo como uma busca por uma confirmação científica da própria teoria. E, contudo, não é preciso que pensemos muito acerca da ideia da *recorrência eterna* para compreender que não pode haver, por uma questão de princípio, prova científica ou confirmação dela. Daí que se conclua que ele era cientificamente ingênuo. Dado que vivemos na época da ciência e que qualquer reflexão acerca da vida humana necessitaria pensar acerca dos fundamentos de nosso mundo, esse argumento aparece como uma invalidação geral de seu pensamento. De acordo com essa interpretação, o Zaratustra confirma, então, o voo de Nietzsche de uma crítica não compreendida da ciência para o reino mais belo e inofensivo da literatura.

No que se segue, mostrarei que todas essas afirmações são completamente desprovidas de sentido, em primeiro lugar, porque Nietzsche pensava que a ciência era a principal questão de seu pensamento; em segundo lugar, porque é totalmente absurdo dizer que o pensamento filosófico deveria ser baseado em resultados científicos. A filosofia é a reflexão acerca da essência de nosso ser e de nossa compreensão ou não é nada. Tentar transformar a filosofia em uma ciência, como Nietzsche o diz, significa "jogar a toalha" (7/710), isto é, desistir da ideia de uma autodeterminação filosófica do ser humano face ao mundo determinista da ciência.

Para Nietzsche, apesar de toda a crítica das ciências que nós encontramos em sua obra, essa não é uma questão de tomar uma decisão "contra ou a favor" da ciência, tão pouco como a questão da morte de Deus fez surgir uma decisão "contra ou a favor" da crença em Deus. Uma tal decisão é, para Nietzsche, totalmente absurda, uma decisão entre lealdade inquestionada e ignorância. Em outras palavras, o problema da ciência é inevitável para nós hoje em dia, e qualquer pensamento filosófico que o evita é, por essa razão, desde o princípio, um pensamento fracassado. A questão da ciência é, então, dada não como afirmação ou negação da ciência, mas como o horizonte inescapável do pensamento contemporâneo: "portanto: vida longa à física! E ainda mais àquilo que nos *compele* a nos voltarmos para a física: nossa honestidade" (GS 266).

Em um novo prefácio a *O nascimento da tragédia*, escrito 14 anos após a primeira publicação do livro, Nietzsche faz essas observações acerca de sua intenção:

> O que tratei naquela época era algo terrível e perigoso, um problema com chifres. Não necessariamente um touro, mas, de qualquer forma, um problema novo: hoje eu diria que era o problema mesmo da ciência; a ciência compreendida pela primeira vez como problemática e questionável. (BT 4f)

Mas lendo *O nascimento da tragédia*, isso não parece imediatamente óbvio. Ele escreve nesse texto acerca da ideia de arte na tragédia grega clássica, sua localização entre as artes pictóricas e a música e, portanto, principalmente a ideia de dois impulsos essenciais para a arte, apresentadas na forma de duas divindades gregas, a saber, Apolo como o deus das artes pictóricas e Dionísio como o deus da música. Apolo é interpretado por Nietzsche como o deus do princípio de individuação e, assim, como racional, como guardando diferenças e os limites entre mim e o que é o outro, enquanto Dionísio é o deus do vinho, isto é, da intoxicação, da música e da dança como aqueles atos nos quais se perde a identidade. Já se pode ver que esses deuses se relacionam um com o outro como nossas ideias de ser e devir. Entretanto, em oposição às nossas ideias, a relação entre ser e devir não é aqui pensada como algo conceitual ou teórico, como algo que meramente é, mas sim como criação artística.

A época grega clássica vem a existir quando esses deuses surgem conjuntamente, quando Apolo fala com a voz de Dionísio e Dionísio com a voz de Apolo. Divorciadas umas das outras, essas divindades não dão origem à grandeza artística. Enquanto Apolo representa um conhecimento sem verdade, Dionísio representa a ideia de uma verdade sem conhecimento. De fato, as festividades dionisíacas – sendo Dionísio antes um recém-chegado entre os deuses gregos – eram originalmente muito violentas e ligadas a sacrifícios humanos. A época clássica dos gregos, berço da cultura europeia, surgiu, então, da transformação das divindades religiosas em força da arte. E essa é chamada de época da arte porque, como Nietzsche o afirma, os gregos viam a própria vida como arte. Já vimos isso na nossa discussão de Hegel no último capítulo. Se queremos conhecer a verdade acerca da Grécia, então não devemos olhar para investigações científicas ou dados sociológicos. Isso significaria olhar para o mundo dos gregos a partir da perspectiva da nossa era da ciência. Temos, ao contrário, de tentar olhar para aquele mundo, na medida em que isso é possível, com os olhos deles, e isso significa olhar através da própria arte. É por isso que Hegel e Nietzsche refletem sobre a tragédia para compreender a verdade da Grécia.

Mas, o que tem tudo isso a ver com a questão da ciência, que não parece encontrar muita menção no livro? A Europa, como Hölderlin havia dito, é o movimento dos "fogos dos céus" para a "claridade da representação", quer dizer, é o movimento histórico da época grega da arte para nossa época da ciência. Aquilo pelo qual Nietzsche está interessado é esse nascimento da ciência como o nascimento da filosofia emanando do fim da época da arte. Compreender essa realidade histórica das ciências significa, então, que "o problema da ciência não pode ser reconhecido no interior do território da ciência" (BT 5). A ciência não é nada de novo nem é autofundante. Apresentemos um exemplo para esclarecer esse ponto. "Biologia" é uma palavra grega, formada a partir de *bios* e *logos*. Hoje em dia, a traduzimos como "a ciência da vida". Mas, e se a vida tem um problema com essa ciência? Pode a biologia chegar a levantar a questão "o que é a vida?" De fato, ela não pode fazer isso. A biologia pode olhar para questões específicas no interior de seu domínio de objetos e pode fazer isso devido a métodos que, igualmente, não pode validar. Além disso, como Nietzsche assinalou, já que ela considera apenas fatos, isto é, coisas consideradas presentes, o que ela chama de vida seria mais apropriadamente chamado de morte. Já nos deparamos com esse problema em nossa discussão de Leibniz, que demonstrou que a ciência está restrita ao reino da representação passiva, desconhecendo desse modo o fenômeno da vida.

Mas a era da ciência concerne à criação de uma certa forma de vida. Consequentemente, e como Nietzsche disse acima, a ciência é uma arte que esqueceu que ela é arte, e é por essa razão que temos de olhar para a ciência da perspectiva da arte e para a arte a partir da perspectiva da vida. Olhar para a ciência a partir da perspectiva da vida significa vê-la como uma expressão da vontade, quer dizer, de seu esforço. Vimos nos ensaios de juventude de Nietzsche que ele tenta compreender a origem das ciências a partir da vontade de verdade. Essa vontade de verdade é a fundação do esforço para conhecer. Como Nietzsche diz na seção 344 de *A gaia ciência*, não há algo como uma ciência sem pressuposições. "A questão de se a verdade é necessária não apenas tem de ser afirmada antecipadamente, mas afirmada em um tal grau que o princípio, a fé, a convicção encontram expressão: '*nada é mais* necessário do que a verdade, e em relação a isso qualquer outra coisa possui unicamente um valor de segunda categoria'" (GS 281). É essa vontade da verdade que Nietzsche tenta, em *O nascimento da tragédia*, descobrir em sua origem a partir da arte. Essa afirmação carrega hoje uma força tal no *pathos* da ciência que se "poderia ser efetivamente parte e parcela da decisão de preferir um punhado de "certezas" em vez de um vagão cheio de belas possibilidades", como Nietzsche diz posteriormente em *Além do bem e do mal* (BGE 5/23). É esse o niilismo que se expressa na era moderna da ciência. Mas essa vontade da verdade não é apenas originalmente moral; ela é também uma consequência da teologia cristã. E é aqui que encontramos a razão pela qual Nietzsche compreende a ciência moderna como uma sombra do deus cristão. E uma vez que a cristandade, de acordo com Nietzsche, é um "platonismo para o povo", enquanto Platão é o discípulo de Sócrates, Nietzsche identifica a raiz histórica da ciência com o tipo socrático de pensamento, o que ele vê, por sua vez, como causador da morte da época trágica dos gregos.

O NASCIMENTO DA FÍSICA

Começamos esse capítulo com a famosa citação da seção 108 de *A gaia ciência*, de acordo com a qual "Deus está morto", enquanto ainda temos de "subjugar também suas sombras". Para ver o que Nietzsche quer dizer com essas sombras é suficiente ler a seção 109, que fornece uma lista delas na forma de seis advertências. Essas advertências concernem a interpretações do mundo que derivam da vontade cristã de verdade e estão relacionadas a nossa interpretação do mundo, que geralmente pensamos como física:

> Proteja-nos de pensar que o mundo é um ser vivo (...) Proteja-nos mesmo de pensar que o mundo é uma máquina (...) Proteja-nos de atribuir a ele insensibilidade ou irracionalidade ou seus opostos (...) Proteja-nos de dizer que há leis da natureza (...) Proteja-nos de dizer que a morte é oposta à vida (...) Proteja-nos de pensar que o mundo cria eternamente novas coisas (...) (GS 167f)

As ciências modernas naturais parecem, porém, impossíveis sem que se interprete o mundo ou como uma existência orgânica ou como um mecanismo, ou sem que se diga que há leis na natureza. A crítica da ciência pertence, então, à "des-deificação da natureza", como Nietzsche chama isso na mesma seção. A crítica da ciência é, então, parte e parcela da crítica da cristandade.

Qual é, então, a origem das ciências naturais modernas? Pode-se dizer que a possibilidade delas foi dada por Platão, que elas foram concebidas no pensamento de Descartes, que elas nasceram na obra de Leibniz e de Newton, e que elas foram batizadas no sistema crítico de Kant. Vamos olhar brevemente para esses momentos para ver o que Nietzsche obteve.

A possibilidade das ciências naturais como conhecimento objetivo depende da habilidade de fazer uma distinção entre o verdadeiro mundo das ideias e o mundo das aparências, tal como se dá na filosofia de Platão. Aqui a diferença entre ser e devir não é mais compreendida como o resultado de uma práxis artística, mas é reificada. Isso significa que essa diferença *é* o caso. É agora possível olhar o mundo e descrevê-lo pelas ideias eternamente mesmas. Em outras palavras, o que é dado aqui é uma distinção estrita entre pensamento e realidade, entre a forma da explicação e aquilo que é explicado. Enquanto para os gregos não pode haver leis da natureza – porque a ideia de lei é aquela de comandar e de obedecer, o que significa que a lei pertence à comunidade humana, enquanto a natureza não obedece a leis humanas – ao menos por causa dessa diferença vai se tornar possível conceber tais leis no sentido matemático. Nietzsche constantemente volta a esses pontos, a saber, que, por um lado, há algo esquisito em falar de leis da natureza, enquanto, por outro lado, há algo ainda mais esquisito acerca de encontrar números na natureza. Números pertencem à lógica, quer dizer, ao pensamento humano, enquanto a ideia de uma ciência matemática pressuporia, então, que a natureza obedece ao pensamento humano. Para haver leis naturais, as leis têm de existir independentemente daquilo que elas regulam. Em outras palavras, a lei deveria ser independente de quem eu sou ou do que eu fiz. E para que a lei seja independente, precisamos de uma distinção entre pelo menos dois mundos. Embora isso soe um pouco estranho, veremos que essa é a conclusão que Deus dará ao problema da ciência mais de 2000 anos mais tarde.

A concepção de ciência pode ser encontrada nas *Meditações* de Descartes. Antes de Descartes, as razões pelas quais uma coisa é o que é eram pensadas em termos das "quatro causas" de Aristóteles. Elas são as *causas efficiens* [eficiente], *formalis* [formal], *materialis* [material] e *finalis* [final]. Em resumo, para explicar qualquer coisa particular em termos do que ela é, tenho de levar em conta a forma que ela toma (*formalis*), a matéria da qual ela é feita (*materialis*), o modo pelo qual ela vem a existir (*efficiens*) e o propósito pelo qual ela foi criada (*finalis*). Pensando acerca do mundo como tendo sido criado por Deus, seria possível, então, pensar acerca dele em analogia à produção humana. Se quero explicar uma faca, tenho de explicar sua produção, tenho de tomar um material relativamente duro ao qual tenho de dar uma forma de tal maneira que ela fique adequada para cortar e tenho de querer cortar alguma coisa. A *causa finalis* é, então, aquela causa que motiva todo o processo. Mas aqui ocorre o problema. Como Deus criou o mundo, e suas intenções são algo que eu, por princípio, não posso compreender, também nunca serei, então, capaz de compreender o mundo. O truque por meio do qual Descartes resolve esse problema na sexta Meditação é antes de tudo completamente insignificante. Ele argumenta que é completamente verdadeiro que Deus tem de ter criado o mundo com um propósito, mas que ele também criou a mim e a minha habilidade para representar e compreender o mundo. E, contudo, ele criou a mim de uma tal maneira que esses propósitos não aparecem em minha representação. Quando olho para uma aranha ou para uma árvore, não posso ver a razão de Deus as ter criado. Há, então, uma legitimação divina em lidar com o mundo *como se* não houvesse causas finais, isto é, *como se* o mundo fosse um mecanismo, desprovido de almas, quer dizer, sem seres que movem a si mesmos, sem liberdade.

Esse idealismo, que é capaz de afirmar que a verdade existe meramente na mente, pode distinguir completamente o nível do pensamento daquele que explica esse pensamento. A ciência é, então, concebida como a habilidade de descrever as coisas objetivamente e restringir suas descrições a ideias "claras e distintas". Isto é, sem causação final o mundo não é mais para ser compreendido como motivado e todo movimento pode ser restringido a deslocamento no espaço. Posso compreender o movimento enquanto tal restringindo o movimento ao presente, isto é, ao fato. Como uma consequência dessa restrição de natureza em Descartes temos de compreender a palavra "causação" no sentido exclusivo de *causação eficiente*. Encontramos aqui, então, também a origem da diferença entre ciências humanas e naturais e a razão de porque podemos chamar as primeiras de ciências "duras", pois a noção de ideias claras e distintas somente pode ser sustentada apropriadamente acerca das coisas da natureza.

O que é importante para Nietzsche aqui é que encontramos no começo da ciência uma separação das questões da teologia, enquanto a possibilidade dessa separação se deve à teologia. A verdadeira fundamentação da ciência se encontra, então, escondida dela. A filosofia platônica e a teologia cristã são, tal como Nietzsche argumentou antes, essencialmente a-históricas. Consequentemente, as ciências naturais podem, do mesmo modo, distinguir sua verdade da sua história, convencendo com isso a si mesmas que o método científico é independente da sua tradição. Historiadores da ciência podem estar interessados no modo pelo qual a ciência surgiu a partir da teologia cristã e refletir acerca disso, mas o cientista pode considerar uma tal reflexão histórica como inessencial para os métodos da ciência. Quer dizer, o cientista trabalha com base na convicção de que ele olha o mundo tal como é dado na experiência presente, e é com base nesse pressuposto que falamos da natureza experimental da ciência. Mas essa essência experimental das ciências modernas não contradiz sua essência matemática; ao contrário, as ciências podem ser experimentais precisamente porque são matemáticas.

Enquanto a tarefa da filosofia é ser atemporal, por assim dizer, apagar a significação do presente, a ciência é um fenômeno da vontade de verdade como restringindo a si mesma ao presente. É por isso que Nietzsche chama essa vontade de reativa, pois renuncia à significação de sua própria ação e não mais acredita que faça parte do mundo. Não fazer parte do mundo é a condição necessária para ter conhecimento certo dele, enquanto tendo alcançado esse conhecimento nos deparamos subitamente com o problema do erro. Esse problema ocorreu a Descartes: suas meditações começam com a noção de uma dúvida radical, isto é, com a possibilidade de que tudo em que acreditamos esteja errado. Mas somente após três meditações a questão volta à sua mente. Se o mundo consiste apenas de ideias claras e distintas, como poderia haver algum erro? O mundo não deveria ser autoevidente? A resposta de Descartes envolve o desacordo entre uma vontade infinita e um entendimento finito. Cometemos enganos em nossa compreensão da natureza, pois queremos compreender tudo, mesmo aquilo que não é acessível ao entendimento. O único obstáculo entre meu entendimento e o mundo que ele compreende é, então, a ilusão da minha vontade.

Mas, esclareçamos o ponto a que Nietzsche está se referindo aqui. A ciência não apenas realiza a redução de seu objeto ao fato presente, mas igualmente a redução do tema do conhecimento ao presente. Quando Nietzsche diz que o problema da ciência não pode ser compreendido a partir do interior da ciência, isso é porque ela torna seu próprio problema invisível. Foi pelas mesmas razões que os "muitos" da praça do mercado estavam rindo. Segue-se daqui a redução ao presente do cognoscente, no sentido da inabilidade de compreender que o mundo poderia ser de outra forma. Essa figura completa de pensamento é, mais propriamente, reminiscente dos problemas da revelação cristã. Se Deus é a verdade, como pode ter havido séculos nos quais não havia nenhum cristão? No fim, de novo, o ser humano, em vez de se voltar para a questão da verdade, está muito mais perplexo acerca da questão "como pode ter havido um erro?". No mesmo veio, há hoje "cientistas" que depreciam a "ilusão de Deus" dizendo que a razão pela qual a verdade somente aparece agora é essa estranha ilusão de massa que conseguiu controlar os humanos por milhares de anos. Assim, podemos nos perguntar como as pessoas no século XII podiam ser assim tão convencidas da verdade de seu mundo, enquanto esquecemos de nos perguntar por que exatamente isso parece ser tão errado para nós. Em outras palavras, enquanto lamentando acerca de épocas que tinham de ser despertadas do sono, nós dificilmente nos perguntamos se temos boas razões para estarmos seguros acerca de nosso estado de vigília. Não há aqui, de acordo com Nietzsche, muita diferença entre o habitante do século XIII e o do XXI, na medida em que a convicção de integridade é derivada de nossas pulsões e sensações, que eles herdaram de nada além dos erros de nossa história. Quanto mais nos opomos à tradição do pensamento tanto mais nos sujeitamos a ela.

Já vimos, no primeiro capítulo, a importância de Leibniz e Newton em relação ao desenvolvimento das ciências modernas. Com a introdução da noção de força e o princípio de preservação de energia, a distinção entre a verdade material do mundo externo e a verdade formal da mente – isto é, a distinção entre um mundo que abriga causas finais e sua representação como desprovida de tais causas – foi quebrada. A noção de força, como vimos, representa as coisas em sua relação imediata com outras coisas e, o que é o ponto principal, é a ideia da realidade como completamente determinável pelo número. A ideia da natureza se tornou, agora, propriamente o objeto de uma ciência matemática, sem haver nada escondido atrás desse mundo. À medida que a doutrina de Nietzsche do *eterno retorno do mesmo* começa com essa formulação de ciência, precisamos olhar isso com um pouco mais de detalhe.

Há apenas um marco na história de ciência para aderir aqui para compreender a crítica de Nietzsche da ciência como antropomorfismo absoluto da experiência. Encontramos, em Descartes, o problema de saber que o mundo é de uma forma diferente do que aquela pela qual o experenciamos, embora sendo capazes de ignorar essa diferença. Sempre se perguntou quais dos atributos de uma coisa existem apenas em relação a um sujeito e quais são os atributos da "coisa em si". A cor, por exemplo, apenas existe quando a vejo. Um objeto vermelho, por exemplo, é um que "gosta" de todas as cores do espectro exceto o vermelho, que ele joga de volta para mim. Se não há luz, não é que eu não possa ver a cor, mas é a cor que não existe. Descartes argumentou que é antes de tudo a duração temporal e a extensão espacial que, conversamente, pertencem essencialmente à própria coisa. Fez-se, então, uma distinção entre qualidades primárias e secundárias, uma distinção que abriga a dificuldade que acabamos de delinear, a saber, que a objetividade do conhecimento sofre por não conhecer aquilo do que falamos, o objeto da experiência ou a coisa como independente da experiência. Daqui se segue também a confrontação entre idealismo e materialismo, tomando o lado do objeto e a coisa em si, respectivamente.

Enquanto se poderia pensar que as ciências estariam interessadas em conhecer os atributos pertencentes à coisa em si, à coisa tal como absolutamente independente da experiência, é difícil ver como isso seria possível, considerando que estamos falando acerca de ciências experimentais. Ao contrário, o ideal das ciências é o de um conhecimento absolutamente objetivo, isto é, um conhecimento que é dividido, que é o mesmo para todos, em vez de, por assim dizer, um conhecimento daquilo que não é para "ninguém". Essa redução do mundo à pura objetividade é realizada no sistema crítico de Immanuel Kant. Kant demonstra, na *Crítica da razão pura*, que não há quaisquer qualidades primárias, e mais, que nós nem mesmo podemos usar o termo "coisa-em-si" de nenhuma maneira dotada de significado. O que Kant tem, então, de argumentar é que mesmo a extensão espacial e a duração temporal dependem da nossa experiência. Ele chama, assim, o espaço e o tempo de intuições da subjetividade humana. Isso significa dizer que, enquanto eu mesmo experiencio o mundo espaçotemporal como real, ele existe, finalmente, como tal somente para a experiência de seres humanos. Kant chama isso de sua revolução copernicana na filosofia. Copérnico foi o astrônomo que provou que não é que os planetas girem em torno da Terra, mas sim que a Terra é um dos planetas que giram em torno do Sol. Kant provou que não temos de correr atrás das coisas para compreendê-las, mas que, ao contrário, essas coisas se adaptam aos nossos modos de experiência.

Com a formulação kantiana das ciências naturais, é finalmente possível falar de leis da natureza matemáticas, estritas, e isso ocorre precisamente à medida que o mundo aparece agora completamente antropomórfico, quer dizer, sob a forma do entendimento humano. Embora tenha soado um pouco estranho quando falei acima da lei natural no sentido de um ordenar por parte do ser humano e de um obedecer por parte da natureza, é isso exatamente que pode ser provado agora. Como diz Kant: "O entendimento não toma (*a priori*) suas leis da natureza, mas sim as prescreve a ela" (*Prolegômenos a toda metafísica futura*, §36). O que Kant pode, então, demonstrar é a objetividade absoluta do conhecimento científico, fundada na necessidade universal da experiência humana. E, entretanto, ultimamente, tais ciências não descrevem ou explicam a natureza, mas somente as necessidades de nossa própria existência, que é a razão pela qual aqui nós aprendemos a nos descrever melhor:

> Tudo o que sabemos acerca das leis da natureza é o que nós mesmos trazemos para elas – tempo e espaço e, portanto, relações de sucessão e número (...) tudo maravilhoso acerca das leis da natureza, tudo que realmente nos espanta na natureza e demanda nossa explicação (...) tudo isso está completa e unicamente contido no interior da precisão

matemática e inviolabilidade de nossas representações de tempo e espaço. Mas, produzimos essas representações em e a partir de nós mesmos com a mesma necessidade com a qual a aranha tece a sua teia. Se somos forçados a compreender todas as coisas somente sob essas formas, então cessa de ser surpreendente que em todas as coisas efetivamente não compreendamos nada além dessas formas, pois elas todas têm de suportar nelas as leis do número, e é precisamente o número que é o que há de mais surpreendente nas coisas. Toda a conformidade à lei, que nos impressiona tanto no movimento das estrelas e nos processos químicos, coincide na base com aquelas propriedades que levamos às coisas. Assim, somos nós que impressionamos a nós mesmos desse modo. (TL 87)

É por causa dessa ideia de ciência que Nietzsche chama Kant de "aranha universal", aquele que aprisiona todas as coisas na rede universal da experiência. Mas isso significa dizer que as ciências nos dão conhecimento do mundo na forma daquilo que é necessariamente humano. Nessas ciências não aprendemos nada acerca da realidade exceto as condições de nossa própria existência. Nietzsche volta a esse ponto diversas vezes. Quando, em *A gaia ciência*, ele escreve uma seção "Vida longa à física!", ele logo volta à questão que julgaríamos pertencer à antes moralidade do que à física, na medida em que sua legitimação para isso é que as ciências são um fenômeno cristão, quer dizer, um fenômeno moral. À medida que a questão principal da moralidade não é da retidão da ação individual, mas a forma da comunidade humana, Nietzsche pode, então, considerar as ciências um processo de criar, de integrar seres humanos à sociedade por meio da homogeneização da experiência.

> Fundamentalmente, as ciências objetivam a determinação de como o ser humano – não o indivíduo – percebe a relação com todas as coisas e consigo mesmo (...) Isto é, um fantasma é construído e todos constantemente trabalham para encontrar aquilo com que todos tenham de concordar porque pertence à essência do ser humano. Por meio disso, aprendeu-se que muitas coisas que pensamos necessárias não o são e que por meio dessa determinação de necessidade nós não provamos nada concernente à realidade, com exceção de que a existência do ser humano dependeu até agora da crença nessa "realidade" (por exemplo, a noção de corpo, da duração da substância, etc.). As ciências apenas prolongam o processo por meio do qual a essência da espécie foi construída, tornando endêmica a crença em certas coisas e eliminando aqueles que não acreditam. A atingida similaridade da sensação (concernente ao espaço, à sensação do tempo ou o sentimento do tamanho) se tornou uma condição para a existência das espécies, mas não tem nada a ver com a verdade. (9/500)

Quando Nietzsche diz que as ciências são sombras do Deus morto, ele pretende dizer que não deveríamos compreender nossa época como o resultado de um espírito científico se revoltando contra o espírito cristão. Ele fala, antes, da vitória da consciência cristã contra ela mesma, da vontade cristã voltando seu ferrão contra ela própria. Finalmente, essa consciência "proíbe a si mesma a mentira da crença em Deus":

> Você vê o que realmente triunfou sobre o Deus cristão: a própria moralidade cristã, o conceito de veracidade que foi compreendido de uma maneira ainda mais rigorosa: o refinamento do padre confessor da consciência cristã, traduzido e sublimado em uma consciência científica, em limpeza intelectual a qualquer preço. (GS 307).

Contra essa vitória da consciência cristã, Nietzsche fala de seu desejo de "'naturalizar' a humanidade em termos de uma natureza pura, recentemente descoberta, recentemente redimida" (GS 169). Podemos, então, ver que a natureza tem pouco a ver com o que nós chamamos hoje em dia de "natureza". Tal como ele argumenta em *Humano, demasiado humano*, quando Kant fala de nós como prescrevendo leis à natureza, então isso é correto em relação ao conceito de natureza. Mas esse conceito, desde Descartes, é a ideia de um mundo tal como o representamos para nós mesmos, quer dizer, um erro. (2/41). Esse mundo é a soma de muitas incompreensões, de antropomorfismos, de compreender algo por meio da sua transformação em seu oposto. Suficientemente estranho, Nietzsche pode, então, afirmar que na época das ciências naturais estamos mais apartados da natureza do que nunca.

O SIGNIFICADO DA "FASE CRÍTICA"

Em nossas considerações acerca do pensamento filosófico e da educação, já vimos que seria um erro completo separar os escritos de Nietzsche em três diferentes fases pensadas como as assim chamadas mudanças de ideia e direção em sua postura filosófica. A filosofia tem de ser um movimento de pensamento. É nesse sentido que Nietzsche identifica três estágios em seu pensamento, que ele chama de estágio do camelo, do leão e da criança. Então, em vez de compreender sua obra como um passo de uma metafísica do artista para um abraço da ciência e um consecutivo voo dessa crítica de volta para a "literatura", a "fase intermediária" de seus escritos tenta alcançar uma crítica da ciência, não procurando encontrar bons argumentos contra ela, mas seguindo sua lógica como uma da destruição. É por essa razão que as três obras pertencentes a essa fase – *Humano, demasiado humano*, *Aurora* e *A gaia ciência* – são todas cheias de contradições. Essa fase é frequentemente chamada de sua fase "positivista", mas o que é frequentemente negligenciado é que esse positivismo da ciência é, para Nietzsche, uma postura transitória.

Nietzsche nos oferece um outro panorama claro de seu próprio desenvolvimento filosófico por meio de uma abordagem geral da tarefa da filosofia no interior de sua história. A história europeia é descrita como a "história de um erro" no qual "o mundo real finalmente se torna um mito" (TI 20). O subtítulo dessa obra, "Como Filosofar com um Martelo", torna totalmente claro que Nietzsche está ainda lutando com sua filosofia positiva, quer dizer, que ele ainda tenta libertar a si mesmo, finalmente, do estilo moderno de crítica. Nessa passagem, Nietzsche reconta a história da metafísica ocidental, de Platão ao ceticismo do século XIX, em quatro passos, suplementados pelos dois passos que ele supõe que a sua própria filosofia dá. Que esta seja *uma* história em seis passos reforça a compreensão de Nietzsche da história europeia como a história da filosofia. Ver a si mesmo como destruindo o platonismo, então, significa se tornar o herdeiro dessa metafísica e, ao mesmo tempo, o seu fim. Os primeiros três passos ligam a história da Filosofia de Platão, via teologia cristã, a Kant, enquanto o quarto passo descreve o começo do positivismo, seguido pela caracterização da própria postura de Nietzsche assumida em *Humano, demasiado humano*.

    4. O mundo real – inatingível? Inatingido, pelo menos. E, se inatingido, também *desconhecido*. Consequentemente, também, nenhuma consolação, nenhuma redenção, nenhum dever: como poderíamos ter um dever em relação a algo desconhecido?

    (O cinza da aurora. Primeiros bocejos da razão. O despertar do positivismo.)

    5. O "mundo real" – uma ideia há muito sem nenhum uso, nem mesmo há muito um dever – uma ideia crescida inútil supérflua, consequentemente, uma ideia refutada: vamos aboli-la!

    (Luz diurna ampla; café da manhã; retorno da jovialidade e do *bon sens*; Platão enrubesce de vergonha; todos os espíritos livres agem selvagemente.) (TI 20).

Enquanto muitos comentadores compreenderam que a posição de Nietzsche na "fase crítica" constitui uma adesão sincera ao positivismo que se seguiu ao seu despontamento com Wagner, já vimos que essa fase é visualizada no começo de sua obra sob o título de "conhecimento voltando seu ferrão contra si mesmo", isto é, como um momento destrutivo, aqui chamado de filosofar com um martelo. Nesse sentido, ele não depende de detalhes da investigação científica, nem Nietzsche importa conceitos ou resultados científicos para a filosofia. Em vez disso, os livros em questão investigam a colisão entre ciência e moralidade seguindo o colapso do reino suprassensível – isto é, a morte de Deus. Nesse sentido, eles são uma preparação para o pensamento do *eterno retorno do mesmo*, o qual, afinal, foi gestado por Nietzsche por alguns anos e se tornou explícito em seu pensamento em 1881. Tal como Nietzsche torna claro, a teologia cristã e as ciências modernas estão unidas, como a montanha e o vale, ou, antes, como o mundo verdadeiro e o mundo das aparências e, nesse sentido, eles devem ser ambos compreendidos como "platonismo para as massas". O pensamento de Nietzsche, então, começa propriamente apenas com o sexto passo na "história de um erro":

> 6. Abolimos o mundo real: que mundo sobrou? O mundo das aparências, talvez? (...) Mas não! *Com o mundo real, abolimos também o mundo das aparências!*
> (Meio dia; momento da sombra mais curta; fim do mais longo erro; zênite da humanidade; *incipit* Zaratustra.)

Em outras palavras: nossa época moderna acredita em um mundo dado, que é concebido de acordo com uma ideia platônica ou cristã na qual não se acredita mais. Assim, à medida que acreditamos na ciência acreditamos em algo que nós, ao mesmo tempo, tornamos não crível. Portanto, acreditamos em algo com que não fazemos nada. No que diz respeito a Nietzsche, isso significa que acreditamos em um mundo das aparências embora "com o mundo real também tenhamos abolido o mundo das aparências" (TI 20). Mais uma vez, em outras palavras – que Nietzsche usa em *A gaia ciência*, no famoso parágrafo intitulado "O louco" – nós matamos Deus, ou o mundo real, sem compreender exatamente o que isso significa, sem compreender que, então, destruímos o mundo das aparências que tentávamos salvar.

É nesse contexto que podemos dar sentido à fase "positivista" do pensamento de Nietzsche. Estando consciente de sua natureza destrutiva, não seremos surpreendidos pelas infinitas contradições entre os vários argumentos apresentados nesses livros. É estranho ler o subtítulo de *Humano, demasiado humano*, a saber, "Um livro para espíritos livres", considerando que ele aparentemente nega a existência de espíritos livres. Basta ler no Livro II, "Sobre a história das sensações morais": "tudo aqui é necessário, cada movimento é matematicamente calculável. O engano do ator observando a si mesmo, a assunção da vontade livre, é ela mesma parte desse mecanismo calculável" (HAH 57).

O "Livro para espíritos livres" afirma que não há uma coisa tal como liberdade de escolha, sendo, então, uma mera ilusão se eu penso que sou livre para fazer isso ou uma outra coisa totalmente diferente. Bem, na medida em que não somos livres, somos pelo menos libertados, a saber, libertados de toda culpa. *Humano, demasiado humano* advoga a doutrina da total irresponsabilidade. Se não há diferença entre o mundo verdadeiro e o mundo das aparências, então deveríamos ser capazes de comparar fenômenos humanos e naturais: "'as ações do homem são sempre boas' – Nós não acusamos a natureza de imoralidade quando ela envia um temporal e nos molha: por que chamamos de imoral o homem pernicioso? Porque no último caso assumimos uma vontade livre voluntária que comanda, enquanto no primeiro assumimos a necessidade.

Mas essa distinção é um erro" (HAH § 102). E, quatro seções mais tarde: "*Na queda d'água*. – Ao ver uma queda d'água pensamos ver capricho e liberdade da vontade nas incontáveis curvas, nas rotações e quebras das ondas, mas tudo aqui é necessário, cada movimento é matematicamente calculável. Assim também o é no caso das ações humanas." (HAH § 106).

Podemos ver na linguagem de *Humano, demasiado humano* o começo desse movimento no qual o conhecimento volta seu ferrão contra si mesmo. Precisamente porque o conhecimento não diz respeito a meras ideias que podem ser invocadas independentemente da história, a análise do niilismo necessita de um antídoto. O filósofo Friedrich Nietzsche vê a si mesmo como o médico da cultura moderna, que tenta uma cura apressando a doença através de estágios e que compreende que o niilismo somente pode ser curado se se atravessa o niilismo. É por isso que podemos ver em *Humano, demasiado humano*, em *Aurora* e em *A gaia ciência* uma interpretação terapêutica por meio de um movimento a partir da religião e da arte – aqueles poderes espirituais que Nietzsche glorificava seis anos antes – de volta para o *ethos* das ciências naturais. O ceticismo não é uma crença que Nietzsche julga ser verdadeira ou correta; mais propriamente, a "provável vitória do ceticismo" (HAH I, 1/21, 23) é um fato histórico para o qual a filosofia terá de encontrar uma resposta.

Nietzsche afirma que libertou a si mesmo, que permanece vitorioso, em uma obra que dá a impressão de que a liberdade é uma ilusão, que é impossível possuir a si mesmo, afirmando, ao mesmo tempo que todos pertencemos ao reino de um mecanismo calculável. O valor de pensamento foi aqui diminuído a um tal grau que a própria filosofia se tornaria desprovida de sentido. Assim, como podemos falar da vitória de Nietzsche, e não de seu desaparecimento no campo indiferente da necessidade natural? Para encontrar uma resposta para essa questão, você tem apenas de pensar no que ele está fazendo aqui. Antigamente se podia vencer provando que há um Deus, que há algo como a liberdade humana, que poderia fundamentar de maneira consequente a ideia da dignidade humana. Mas Deus está morto e a vitória de alguém seria infinitamente maior se se fosse capaz de passar pelo reino da necessidade – no interior do qual essa liberdade poderia antes de tudo ser dotada de significado – sem desaparecer nele. Esse é o único modo de reconciliar o mundo com o ser humano, único caminho para atingir a essência real da filosofia. Compare a seguinte citação do *Ensaio sobre a liberdade humana*, de Schelling, de 1809, que trata desse ponto de uma maneira muito clara:

> Sem a contradição de liberdade e necessidade não somente a filosofia, mas toda aspiração mais nobre do espírito afundaria até aquela morte que é peculiar àquelas ciências nas quais aquela contradição não serve para nenhuma função. Fugir do conflito negando a razão parece mais uma fuga do que uma vitória. Uma outra pessoa teria o mesmo direito de virar as costas para a liberdade para jogar a si mesmo nos braços da

razão e da necessidade sem haver nenhuma causa para a autocongratulação em nenhum dos lados. (*Freedom* 9)

Se há alguma razão possível para autocongratulação, ela está, então, dada no caso de que o ser humano pode provar a si mesmo face à descoberta de que a natureza do universo caótica e desprovida de objetivo, sem tentar encontrar salvação através da crença cristã em um mundo melhor, mas sim encontrando os recursos para a vida através da força interna da afirmação. Como aquela decisão será o produto da nossa época, Nietzsche pode dizer que, desde a morte de Deus, todos pertencemos a uma história *mais elevada*. Essa é uma história mais elevada porque olhando para a ciência a partir da perspectiva da vida, ela reintroduz a história na nossa compreensão do mundo. O interesse pela física, o brado de "Viva a Física!", são então motivados por essa identidade de liberdade e necessidade, pela tentativa de ver a vida como arte:

> Entretanto, *queremos nos tornar aqueles que somos* – seres humanos que são novos, únicos, incomparáveis, que dão a si mesmos leis, que criam a si mesmos. Para atingir esse fim, temos de nos tornar os melhores aprendizes e descobridores de tudo que é regido por lei e necessário no mundo: temos de nos tornar *físicos* para podermos ser *criadores* nesse sentido... (GS 266)

BOA E MÁ CIÊNCIA: A ARTE DA GENEALOGIA

Nietzsche mostrou, então, a essência niilista das ciências modernas. Essas nos divorciam da essência criativa da natureza tanto quanto nos separam dos nossos corpos vivos. Essa realidade do corpo vivo requeriria que prestássemos atenção às nossas sensações e às perspectivas da sensação, em vez de reduzir o conhecimento ao fato matemático. Ele, então, conclui que a "realidade não aparece de modo nenhum" nessas ciências "nem mesmo como um problema", já que são meras elaborações da lógica e "daquela lógica aplicada, a matemática" (6/75). Dado que frequentemente pensamos as ciências naturais como empíricas, essa crítica parece estranha, mas precisamos apenas pensar no desenvolvimento da mecânica quântica no século XX para ver que a redução do método à estatística acaba em um sistema de ciência que nem mesmo permite uma representação em termos de sensação. Quando Heisenberg, por exemplo, fala de onze dimensões, alguém poderia responder com fantasias de uma experiência enriquecida, mas essas dimensões são meramente matemáticas e não abrem para nenhuma experiência possível. É por essa razão que há uma contradição na ciência contemporânea, pois, como Heisenberg acrescenta, o cientista tem de estar apto a entrar no laboratório de modo que o mundo pareça aberto à experiência – que ele pode olhar através de um microscópio como se estivesse meramente investigando um objeto – enquanto a mecânica quântica diz a ele que essa é uma posição errônea. Esse é o menor resíduo possível de sensação na ciência contemporânea, a qual, de outro modo, trabalhou a noção de objetividade a um tal grau que reivindica verdade absoluta, independente de qualquer perspectiva. Mas, ver o mundo de uma tal perspectiva sem perspectiva [*perspectiveless perspective*] é sem sentido e, como Nietzsche diz, violenta a ideia mesma de olho.

Mas, se nas "ciências", tal como as conhecemos, "a realidade nem mesmo aparece como um problema", quais são, então, essas boas ciências das quais Nietzsche fala? Ele nos dá uma resposta na seção 59 de *O Anticristo*:

> O que hoje ganhamos de volta para nós mesmos com uma indizível autossubjugação (...) foi a visão livre diante da realidade, a mão cautelosa, a paciência e seriedade nas menores coisas, a *integridade* total do conhecimento – ela já estava lá! Já há mais de dois milênios! E, acrescido a isso, o sentido delicado e o paladar! (...) como corpo, como gestual, como instinto – em uma palavra, como realidade. (AC 192)

Corpo, gestual, instinto: essas são todas as perspectivas envolvidas; elas são, "em uma palavra, realidade", precisamente porque não são perspectivas olhando para o mundo de cima, mas sim de dentro. E é precisamente por essa razão que elas incorporam uma "objetividade mais elevada", à medida que não estão mais reduzindo o mundo a uma forma universal da subjetividade humana, mas a tomam como ela aparece por si mesma. É então que Nietzsche pode dizer que temos uma ciência hoje precisamente à medida que aceitamos o testemunho dos sentidos e que tornamos esses sentidos mais agudos. Nietzsche encontrou uma tal ciência nas obras dos pensadores pré-socráticos. Se lemos lá, por exemplo, uma descrição do movimento do sol do nascente ao poente, então o resultado nos parece absurdo, enquanto não há nada acrescentado ao que se pode ver.

Uma tal ciência do corpo, do gestual e do instinto é uma ciência artística, pois tenta dar crédito ao modo como as coisas se tornam o que são. O que para Hegel era uma fenomenologia do espírito, como prestar atenção à realidade histórica da existência humana, tornou-se, para Nietzsche, uma genealogia do corpo. Ela não projeta mais no mundo as verdades da lógica e a racionalidade, mas se origina da assunção de que a história é motivada por erros e por acidentes. Para procurar por uma verdade na história tem-se de compreender que "a razão para a emergência de uma coisa e sua utilidade básica, sua utilização factual e integração a um sistema de fins são infinitamente separados" (5/313).

Deus está morto, mas a religião e a arte têm sido aqueles poderes que *dão* à existência um caráter eterno e estável, a qual pode, então, sustentar esse caráter à medida que a religião e a ciência acolhem o vir a ser dela, enquanto nossas ciências naturais modernas, fingindo que a essência real de todas as coisas consiste em sua adesão às leis da verdade eterna, compreendem equivocadamente tanto o ser quanto o devir. A crítica de Nietzsche à cristandade não é, então, que ela tenha dado uma tal aparência à realidade, enquanto deveríamos aceitar que não há nenhuma aparência. De fato, a crítica principal de Nietzsche à cristandade é a de que ela perdeu seus poderes artísticos. "Dois milênios aproximadamente", ele diz, "e nenhum único novo deus" (5/185). O problema das ciências naturais é, então, que elas pensam o tal caráter eterno da existência como algo meramente dado na noção de razão, enquanto essa razão é a aparência mundana do deus morto. Compreendendo equivocadamente devir e ser significa igualmente compreender de maneira equivocada a noção de observação em relação aos poderes do eterno, e é por essa razão que a ciência vê a arte e a religião como poderes hostis (HL 62). Enquanto a ciência, então, determina aquilo que já está dado – e é por essa razão que Nietzsche diz que as ciências são cristãs e niilistas – a arte desvela o possível no interior do mundo.

> Isso requer, acima de tudo, uma grande capacidade artística e visão criativa, uma imersão amorosa nos dados empíricos, uma elaboração poética de tipos dados – isso, com certeza, requer objetividade, mas como uma propriedade positiva. Objetividade, entretanto, é muito frequentemente apenas uma expressão. A tranquilidade escura do olho do artista, reluzindo sem se mover, é substituída pela afetação de tranquilidade; como a falta de *pathos* e de força moral usualmente se disfarça de uma penetrante frieza de observação. Em certos casos, a banalidade de sentimento e sabedoria cotidiana, que, por ser tão entediante dá a impressão de tranquilidade e calma, ousa ir adiante e finge ser aquela condição artística na qual o sujeito é silencioso e se torna totalmente imperceptível. Então todos aqueles itens que não incitam são procurados e a palavra mais tediosa é a correta (HL § 6, p. 36f).

Nietzsche viu os sinais de seu tempo e, então, viu que o destino da civilização ocidental a levaria, inescapavelmente e com uma necessidade desprovida de remorsos, ao niilismo. A palavra "niilismo" provém da palavra latina *nihil*, que significa "nada". O niilismo denota, então, a crença em nada, ou, ainda pior, descreve o estado de "nada desejante". A forma que esse "nada desejante" assume em nossa época é chamada de ciência. Nietzsche tem sido, por conseguinte, descrito como o pensador do niilismo. Contudo, isso não significa que ele pessoalmente nem acreditava nem não acreditava em nada, mas sim que ele antes de todos compreendeu que o niilismo é o destino inevitável da humanidade ocidental, e que a tarefa da filosofia, então, consiste na compreensão e superação desse niilismo.

Em outras palavras, já que o niilismo é visto como um fato histórico, Nietzsche pertence à época do niilismo, e ele é um pensador profundo demais para considerar que se poderia negar esse estado simplesmente acreditando em alguma outra coisa. E, entretanto, à medida que Nietzsche acredita que através do pensamento filosófico, compreendido como a unidade da filosofia e da medicina, o niilismo pode ser superado, ele não é um niilista. Em uma carta de 23 de maio de 1887, Nietzsche escreve acerca do historiador suíço Burkhard, do filósofo francês Taine e dele mesmo:

> Nós, os três niilistas, somos de fato e essencialmente dependentes uns dos outros, embora eu, como você talvez já tenha percebido, não tenha desistido de encontrar a saída e o buraco através do qual poderíamos ser capazes de atingir "algo". (KSA-B 8/81)

Para conseguir de volta esse "algo", Nietzsche desenvolve três doutrinas, a do *além do homem*, a do *eterno retorno do mesmo* e a da *vontade de poder*. Estamos agora em condição de voltar a elas.

4
O ETERNO RETORNO DO MESMO

Quando no Infinito o Mesmo
Flui eternamente na repetição
Quando a abóboda variegada
Fecha firmemente sobre si mesma
O Amor do Vivo emana de todas as coisas
A menor e a maior estrela
E todo retesamento, todo o esforço
É a paz eterna em Deus

A doutrina do *eterno retorno do mesmo* é, juntamente com a *vontade de poder*, o pensamento central da filosofia de Nietzsche. Quando ele fala de uma epifania de seu pensamento enquanto caminhando nos Alpes no verão de 1881, não é difícil encontrar várias aparições de pensamentos de recorrência em todos seus escritos iniciais, mesmo de sua juventude. De fato, lendo as obras de Nietzsche em sua ordem cronológica pode-se ver que esse pensamento emerge nele lentamente, vindo à fruição por volta do fim de sua "fase crítica". É essa experiência de pensar que encontra, mais tarde, expressão na apreensão lenta de Zaratustra da *recorrência eterna* em alegorias que acentuam o caráter afetivo do pensar. Zaratustra, então, evoca esse pensamento e é golpeado por ele. Similarmente, quando Nietzsche fala de si mesmo como um destino e conclui que com ele a história da humanidade é dividida em duas, o sentido dessas afirmações deve ser encontrado no pensamento do *eterno retorno do mesmo*. Ele chama esse pensamento de o peso mais pesado, influenciando a humanidade europeia como sua crise mais essencial – e uma crise é um momento de decisão, um momento que faz diferença.

Tendo destruído, nos livros de seu "período intermediário", todas as convicções e crenças correntes, culminando com a *morte de deus*, é seu pensamento do *eterno retorno do mesmo* que o encoraja a deixar para trás a "fase leão" de *Humano, demasiado humano*, *Aurora* e *A gaia ciência*. Com essa ideia, a trajetória de seu próprio pensamento ganha forma e sentido, em resumo, Nietzsche vem a saber quem ele é. Tendo lutado com a forma que o pensamento pode assumir para ele, com um estilo que permitiria uma intervenção filosófica concreta, Nietzsche desenvolve agora uma confiança renovada no futuro de seu pensamento. O primeiro livro publicado após a revelação do *eterno retorno do mesmo*, A gaia ciência, de 1882, já é marcado por essa mudança. Ele é mais decisivo, mais diretamente estruturado e termina – considerando que o quinto livro foi acrescentado uns poucos anos depois – com a primeira elaboração explícita do pensamento da *eterna recorrência*, seguido pelo anúncio: "Então, Zaratustra começou a descer". Essa descida se refere a Zaratustra deixando seu abrigo nas montanhas para retornar à sociedade dos seres humanos, para vir lá a ser o mestre do *eterno retorno do mesmo* e do *além do homem*.

Já encontramos a figura de um ensinamento no pensamento de Nietzsche e sabemos agora que não é suficiente considerar um ensinamento abstratamente como uma ideia. Uma doutrina se dirige ao ser mesmo do mestre e do discípulo, o que significa também dizer que, dependendo de quem somos iremos compreendê-lo de maneira diferente, enquanto esse entendimento não é, de novo, dado na forma de "crença correta", mas sim em termos da mudança no próprio ser, tendo submetido o pensamento. Para dizer isso em termos mais simples: um ensinamento, para ser bem-sucedido, tem de nos apanhar onde estamos e tem de se desenvolver corretamente através do processo de incorporação desse pensamento. No caso do pensamento da *eterna recorrência*, isso significa que temos de começar com o ser humano de nossa época contemporânea, confrontá-lo com esse pensamento e, então, fazê-lo compreender que o ser humano chegou a um fim. A crise que aparece desse confronto, da inabilidade de conduzir esse pensamento, é descrita por Zaratustra como se desenvolvendo ou para trás em direção ao animal ou para frente em direção ao *além do homem* (10/479).

O que significa isso? Apenas temos que ter em mente que Nietzsche usa as palavras em um sentido concreto. O "ser humano" é, então, para ele, não uma categoria biológica, significando *homo sapiens* ou *bípede*, mas sim a forma histórica de autointerpretação da existência humana que chamamos de platonismo. De acordo com essa compreensão, o ser humano está no meio do caminho entre o céu e a Terra, quer dizer, em termos mais contemporâneos, que compreendemos a nós mesmos em termos da oposição entre um corpo animal e uma mente divina. Todas as nossas convicções e instintos com respeito à ação, ao ser, ao conhecimento e às instituições, quer sejam essas legais, políticas ou culturais, são derivadas dessa autointerpretação essencial que Nietzsche chama de história. Uma vez que ele chamou essa história igualmente filosofia ou niilismo europeu, o fim dela concerne ao nosso niilismo, isto é, nossa inabilidade de valorar nossa existência em um sentido significativo. Em outras palavras, a *morte de Deus* tornou impossível a crença em nossa parte divina, de tal forma que esta se tornou a ideia indiferente e abstrata da representação científica.

Desde o grande erro de Descartes, que consiste na separação substancial entre o pensamento e o mundo de objetos, pensamos a verdade como uma representação do mundo na forma de ideias. Encontramos em Descartes a concepção da moderna imagem científica do mundo. Quando, na Sexta Meditação, Descartes argumenta que podemos compreender o mundo na abstração de causas finais, ele dá origem a uma compreensão da natureza como meramente mecânica. Com isso a noção do mundo como causação necessária se encontra em oposição à noção da mente humana e sua liberdade. Esse problema mente-corpo conduziu, durante o Iluminismo, a uma incompatibilidade entre nossa experiência da liberdade humana, por um lado, e os métodos progressivamente bem-sucedidos das ciências naturais, por outro.

É muito simples: se pensamos no papel do corpo como mecanismo puro, tendo, desde Descartes, contado os animais como pertencendo puramente a esse mecanismo, enquanto não sendo mais capaz de acreditar na parte divina que, de acordo com a modernidade, fez a diferença entre o animal e o ser humano, então acabamos com um ser humano que não pode mais ver sua diferença dos outros animais e, então, regride para a vida animal. Quando Nietzsche falou, em *O crepúsculo dos ídolos*, acerca da abolição do mundo verdadeiro, então o ser humano que somos ainda compreende a si mesmo em relação a essa perda, a saber, habitando sozinho o mundo aparente, sem compreender que esse mundo também já foi implicitamente abolido. Esse animal pode ser esperto e desenvolver ciências e progresso tecnológico sustentado, embora a interpretação fundamental desse progresso reduz novamente o ser humano a uma máquina que calcula, de tal modo que todo esse conhecimento falha em fazer uma diferença essencial. É por isso que Zaratustra diz: "Mas aquele que é o mais sábio dentre vocês é apenas uma desarmonia e um híbrido de planta e fantasma" (Z 42). Igualmente, estamos colocando cada vez mais ênfase na educação, a qual Nietzsche identificou como uma prática de criação, mas tendemos hoje a reduzir isso a uma transferência de informação que nos equipa para o mundo econômico, sem fazer uma diferença essencial em relação a nós mesmos. A analogia que frequentemente ouvimos hoje, que liga a mente e seu conhecimento à diferença nos computadores entre *hardware* e *software*, torna isso muito claro, à medida que o *software* é compreendido como não fazendo nenhuma diferença para o *hardware*. Em outras palavras, pensamos uma tal informação como um fato e a nossa capacidade de lidar com informação como um outro fato.

A relação entre a autointerpretação do nosso ser e a verdade do nosso ser pode ser mais adiante iluminada se pensamos a influência do racionalismo no pensamento de Nietzsche. Leibniz, Espinosa e Hegel mostraram de maneiras diferentes que o que sabemos está intrinsecamente ligado a quem somos. Hegel, especialmente, demonstrou essa identidade entre pensamento e ser por meio de sua mediação histórica. À medida que Nietzsche radicalizou essa noção de história, ele mostrou que não há verdades eternas, e que isso também vale para a essência do ser humano. Não há, então, nenhum fato real concernente à nossa essência. Consequentemente, quando Nietzsche experencia primeiramente a revelação do pensamento do *eterno retorno do mesmo*, em 1881, esse pensamento traz consigo o *insight* da "importância infinita de nosso conhecimento, de nossos erros, de nosso hábitos e dos modos da vida para tudo que virá" (9/494).

Enquanto a noção de um problema mente-corpo permanece relativamente abstrata em Descartes, a formulação kantiana desse problema permanece, para Nietzsche, mais essencial. Novamente, Nietzsche não está muito interessado em decidir se Kant está certo ou errado, mas sim em como a problemática kantiana delineia mais claramente o caminho essencial no qual interpretamos nossa própria existência através do cisma entre conhecimento teórico e prático, quer dizer, entre ontologia e ética. Kant é o primeiro filósofo europeu que com êxito dá conta do conhecimento do nosso mundo sem referência à criação divina. Já que não há, consequentemente, nada nesse mundo que escape do nosso conhecimento, ele pode construir a ideia do mundo em sua objetividade plena. E, contudo, esse mundo, na medida em que o compreendemos, não deixa nenhum espaço para a liberdade humana. O Kant maduro o concebe em relação ao imperativo categórico, quer dizer, em relação a uma voz que fala para nós de fora do mundo dos objetos. O mundo que conhecemos não permite nenhuma intuição da liberdade, que é necessária para qualquer formulação da moralidade e, portanto, a voz que nos clama a fazer o bem tem de vir de fora do mundo que conhecemos, quer dizer, de Deus. A esse respeito, Kant é muito claro acerca do problema, que delineia no começo de sua terceira obra crítica, a *Crítica do juízo*, a saber, que esses dois "mundos", da necessidade e da liberdade, são mutuamente excludentes. Porque o mundo que compreendemos cientificamente tem de ser livre de quaisquer efeitos da liberdade, a liberdade não pode ser aparente nele, enquanto toda noção de liberdade permanece completamente vã a não ser que possa sustentar um efeito no próprio mundo.

Essa é a fundação histórica do niilismo europeu e torna claro o começo da doutrina do *eterno retorno do mesmo*. Recordando que Nietzsche chama o filósofo de físico, apenas temos de lembrar a nós mesmos que o primeiro passo no processo de cura é o reconhecimento da própria enfermidade. Sem um tal reconhecimento não pode haver nenhuma cura. Mas por que não vemos o problema, como Nietzsche o faz, no kantismo? Não acabamos de dizer que Kant estava bem consciente disso quando escreveu a introdução da *Crítica do juízo*? Sim, mas isso parece surgir lá como um "problema lógico". Na medida em que Kant explicou a essência humana em termos transcendentais, ela é compreendida lá como uma verdade eterna, uma posse inalienável, no mesmo sentido em que falamos hoje em dia acerca dos direitos humanos como algo que possuímos inalienavelmente. Não é preciso, então, fazer nada acerca desse problema, mas esperar que alguém venha com a resposta. A doutrina da *eterna recorrência*, por outro lado, é tornar o sofrimento palpável para nós ou, como Nietzsche o diz, insuportável. Uma vez que ele tenha se tornado o maior dos pesos colocado sobre cada uma de nossas decisões, ele terá, então, um efeito, a saber nosso *insight* na nossa enfermidade, naquilo que Nietzsche chamava anteriormente de *enfermidade histórica* e, depois, de niilismo europeu.

Mas, se esse é o caso, podemos imediatamente ver que o pensamento da *eterna recorrência* tem de trazer essa contradição em seu próprio interior. Ele terá de começar com as duas faces contradizendo uma à outra: uma delas representando nossa interpretação do mundo e uma para a nossa interpretação da liberdade humana. À medida que a primeira responde à questão "O que é o mundo?", a chamamos de tese "ontológica" ou "cosmológica" do *eterno retorno do mesmo*. À medida que a segunda responde à questão "O que eu deveria fazer?", a chamaremos de tese ética do *eterno retorno do mesmo*. Estamos, então, nos preservando do erro em que muitos comentadores caíram quando perguntam se Nietzsche tomou o pensamento do *eterno retorno* como um pensamento ético ou como uma interpretação do próprio mundo. De saída, esse pensamento tem de ser ambos e, então, ressalta sua contradição. É por isso que Nietzsche diz que esse pensamento unifica "as duas mais extremas formas de pensamento – a mecânica e a platônica" (WP 1061). Complementando essa sentença com a afirmação de que a *eterna recorrência* ressalta essas formas de interpretação históricas como ideais, e não reais, cometeremos facilmente o erro de pensar que apenas uma delas pode ser verdadeira, a menos que compreendamos que é a própria verdade que está em jogo aqui.

A FACE ONTOLÓGICA DO *ETERNO RETORNO DO MESMO*

A versão ontológica ou cosmológica do *eterno retorno do mesmo* tenta, então, pensar através da visão mecanicista do mundo e trazer para fora sua verdade. Chamá-la de uma visão de mundo é ligeiramente enganador, na medida em que ela concerne não apenas a nossas crenças e opiniões, mas ao nosso ser mesmo. Então, o começo do pensamento é dado por Nietzsche quando diz que nossas *sensações*, não apenas nossas concepções, de espaço e tempo nos conduzem ao erro do niilismo.

Mas colocar em questão nossas sensações do mundo é algo quase impossível de se fazer. Podemos certamente discutir a validade de ideias, mas a validade das percepções parece além de qualquer questionamento. O cético poderia questionar se minhas representações do mundo estão ligadas a um mundo real lá fora ou se, como nas imagens oníricas, elas são apenas ficcionais, mas ele não pode questionar que elas são o que são. A palavra alemã para percepção mostra isso claramente, de modo que *Wahrnehmung* significa literalmente "tomado [por] verdadeiro". Portanto, Nietzsche não pode argumentar acerca da correção ou incorreção de nossas percepções, mas ele pode demonstrar que o modo pelo qual percebemos o mundo tem consequências, a saber, ele nos conduz ao niilismo. Por isso, ele tem apenas de ir às raízes de nossa compreensão fundamental do mundo para derivar o pensamento da *eterna recorrência* como uma consequência do modo como pensamos e experenciamos o mundo.

É, então, desde o princípio totalmente claro que o pensamento do *eterno retorno do mesmo* não é um pensamento científico e que ele não pode ser de nenhuma maneira verificado ou falsificado por dados ou experimentos científicos. Antes, ele é um pensamento que tenta nos fazer compreender a base mesma das ciências naturais modernas, uma base que pende sobre todos os nossos pensamentos e sentimentos, mesmo daqueles que não estão de maneira nenhuma interessados em física, biologia ou química. Mas, qual é a essência da nossa compreensão do mundo? Como já nos confrontamos com essa questão no último capítulo, apenas repetirei o essencial aqui.

Desde que Descartes erradicou da noção de compreensão da natureza a ideia de causação final, essa natureza aparece para nós como a mera soma de todos os objetos em movimento. Ela é compreendida pelo que chamamos frouxamente de materialismo, isto é, que há objetos extensos e que toda conjunção presente de tais objetos pode ser compreendida como o efeito de uma conjunção passada de objetos e de seus movimentos. Esses objetos se movem no espaço e através do tempo. Tempo e espaço são concebidos desse modo como magnitudes infinitas, o que significa dizer que não começam ou terminam em nenhum lugar e que são indiferentes ao que acontece "neles". Que eu possa mensurar o movimento de átomos ou de estrelas por meio de um relógio e um medidor é devido à convicção de que espaço e tempo são constantes, isto é, que eles não são sujeitos a mudanças, que eu posso medir qualquer movimento em contraposição a eles. Nesse sentido, experienciamos o tempo como uma sequência infinita de pontos de agora e o espaço como uma infinidade de pontos matemáticos que podemos representar como um eixo tri-dimensional x, y e z. Ao passo que estes, então, possuem o caráter de necessidade universal, e como algo universal não pode ser derivado da experiência, Kant demonstra que tempo e espaço são intuições *a priori* e podem, então, ser compreendidos de maneira absolutamente independente da experiência, assim como os fundamentos da aritmética, à medida que a intuição do tempo fornece o 1 + 1 + 1..., estando na origem do número, e da geometria, à medida que seus axiomas são dados na intuição do espaço.

Leibniz e Newton acrescentam a essa formulação da natureza que a sua substância não é para ser explicada pela extensão, mas sim pelo conceito de força. Mas como essa noção de força como a substância da natureza dá forma ao modo como a experienciamos? Uma força não é uma coisa, o que significa dizer que ela não pode ser compreendida como uma entidade única. Antes, toda força é igual à sua expressão e pode, então, ser compreendida apenas nessa relação com outras forças. Assim, Newton diz que a toda força corresponde uma força contrária de igual dimensão, enquanto a soma total de todas as forças é, portanto, sempre idêntica a si mesma. Isso é chamado de lei de conservação. E podemos já ver que uma força como quantificável pode ser plenamente determinada em termos matemáticos. Assim, diz Nietzsche, onde há força há também número, e onde há número há também finitude. A soma total de todas as forças pode estar além de nossa faculdade de representação, mas ela é, ainda assim, em princípio finita; isto é, o total de forças pode ser inumerável, mas ela não é infinita. No que se segue, Nietzsche demonstra que essa lei de conservação de energia clama pela *eterna recorrência* (12/205).

Daqui o pensamento do *eterno retorno do mesmo* se segue muito claramente: compreendemos o mundo como o jogo de um conjunto finito de forças, de tal modo que todo ponto de agora pode ser compreendido como a imagem "congelada" da relação de todas as forças para cada outra em um dado momento. Poderíamos chamar isso de o "estado-agora" de todas as forças. À medida que compreendemos qualquer determinado agora como a consequência causal do agora precedente, podemos também chamar isso de a soma total de todos os fatos, na medida em que "fatos" são, por definição, estados que encontram seu sentido no seu passado causal. O mundo compreendido como vindo a ser, como engendrando a si mesmo a partir de um processo de determinação de forças, de *quanta* dinâmicos, é, em consequência, também necessariamente finito, ainda mais que a lei de conservação de energia demanda que a soma global da força seja sempre idêntica. Entretanto, algo finito que engendra a si mesmo em tempo infinito tem de necessariamente repetir a si mesmo *ad infinitum*.

Vamos pensar no momento acerca dessa questão em termos de um jogo com dados, representando o estado de uma força pelo número mostrado em um dado e o estado-agora de todas as forças pela soma de todos os dados. Digamos que jogamos com vinte bilhões de dados. Assim, qualquer combinação possível de resultados representa uma relação possível de todas as forças que constituem o mundo. A soma total de todas as diferentes combinações é, obviamente, absolutamente enorme, mas pode facilmente ser calculada, quer dizer, é um número finito. Mas, a possibilidade de tirar vinte bilhões de seis em uma jogada é muito pequena, ainda que imaginando que jogaríamos *ad infinitum* isso aconteceria um dia. Até que isso aconteça, começaremos novamente, e novamente, e novamente. Em resumo, se sempre já jogamos e nunca pararemos de jogar, então a jogada de vinte bilhões de seis não apenas terá acontecido muitas vezes, inumeravelmente muitas vezes, mas sim terá acontecido infinitas vezes e acontecerá novamente infinitas vezes. Um número infinito de estados de forças (*Kraftlagen*) passou em tempo infinito, precisamente porque uma quantidade infinita de agoras já passou, embora "não um número infinito de estados *diferentes*", na medida em que isso "pressuporia uma força indeterminada", enquanto a força é, por definição, determinada pelo número, isto é, por uma finitude de diferentes características. (9/530).

Mas, por que seria impossível que um número finito de elementos pudesse gerar um número infinito de estados de forças qualitativamente diferentes? Anteriormente ao estabelecimento da moderna visão científica de mundo, poderíamos ter acreditado que tinha de haver uma força infinita para explicar a sequência infinita de eventos no mundo. Como parece não haver nem começo nem fim do movimento, sua explicação parecia requerer uma força "que não podia ser exaurida por seu gasto" (9/544). Essa força infinita era chamada de Deus, que era, então, capaz de criar o mundo a partir do nada. Contudo, com a *morte de Deus* – isto é, com a impossibilidade da crença em um mundo além desse mundo – vemos a força como permanecendo sempre a mesma. Deus como um *quantum* infinito, quer dizer, como qualidade, teria sido capaz de criar um mundo sempre diferente, na medida em que ele cria a partir do nada, enquanto o mundo, concebido a partir do ponto de vista vantajoso da ciência, poderia ser "infinitamente ativo, mas não pode mais criar casos infinitos, tendo de se repetir a si mesmo" (9/544). Nietzsche, então, conclui:

> Em que julgamento ou crença podemos expressar melhor a virada decisiva sendo engendrada pela preponderância do espírito da ciência sobre o religioso, o espírito criador de deuses? Insistimos que o mundo, como força, não é pensado como ilimitado – proibimos o conceito de uma força infinita como incompatível com o conceito de "força". (9/575)

Aqui, a analogia com jogar dados encontra suas limitações. Calcular as chances de tirar uma certa combinação de números, a quantidade puramente lógica de diferentes combinações é também a quantidade puramente lógica de combinações em variação estatística. O segundo passo do argumento tem então de se diferenciar do exemplo, provando que estados do diferencial de forças são dependentes uns dos outros através do tempo, isto é, que eles não são produzidos por acaso. Essa ligação necessária entre dois diferentes estados de força é o que chamamos de causalidade. Na medida em que o devir do mundo é compreendido como a explicação de forças, um momento é visto como a consequência do momento que o precede, enquanto necessariamente traz um outro momento após ele.

Consequentemente, o ciclo de todos os eventos não se fecha em si mesmo após todas as possibilidades lógicas terem se tornado reais. De fato, o número de possibilidades lógicas necessariamente excede o número de realidades. Podemos esclarecer isso, novamente, com o exemplo do dado. Vamos presumir que jogamos somente um dado. Começamos tirando um seis, seguido por um três, um cinco e um dois, após o que tiramos de novo um seis. Como agora supomos que de um seis necessariamente se segue um três, então um cinco e então um dois, estabelecemos que as possibilidades lógicas de tirar um um ou um quatro são realidades impossíveis.

Mas, por que isso deveria ter alguma importância? Considere como alguém olha para o mundo como ele é e tenta se contrapor a seu fracasso por meio da ideia de progresso, concebido em seu télos por meio do que nós chamamos de um estado de coisa utópico. Como o cristão, poder-se-ia dizer que esse mundo é um "vale de lágrimas", mas que ele chegará a um fim, de modo que almejamos fazer dessa utopia uma realidade, a saber, passando o teste da existência de tal modo que passamos a um pós-vida dotada de sentido. Como o revolucionário, poder-se-ia dizer que a história até hoje foi uma sequência cruel e sem sentido de sofrimento e exploração humanos, enquanto podemos conceber um estado de justiça. O revolucionário propõe, então, esse estado ideal como uma utopia que poderíamos tentar realizar por intermédio da ação política. Seríamos, então, capazes de escapar das consequências do *eterno retorno do mesmo* pela crença de que o mundo poderia ser movido por meros ideais. Falando em termos gerais, qualquer ideia de uma utopia e de progresso nesse sentido, a qual, como o Iluminismo, pensa acerca do estabelecimento do reino da razão nesse mundo, permanece, para Nietzsche, um idealismo; embora proclamando querer fazer do mundo um lugar melhor, essa ideia é realmente animada por um ressentimento contra a vida, desvalorizando, com isso, involuntariamente a vida.

Mas, de qualquer maneira, essas utopias permanecem abertas à discussão, enquanto Nietzsche tenta demonstrar que, imanente ao modo pelo qual experienciamos o mundo, já desistimos de qualquer utopia desse tipo. Em outras palavras, é verdade que podemos explicar logicamente a possibilidade de um estado do mundo final, perfeito, mas concebido a partir da perspectiva da *recorrência eterna*, uma tal possibilidade lógica mostra ser de fato impossível. Se um tal estado final fosse possível, ele já teria sido alcançado no passado infinito e ele teria persistido se fosse final e perfeito. Como ele não foi alcançado, ele mostrou ser logicamente possível, mas de fato impossível. A consequência é que não pode ser deixado para a mente humana determinar o que é *possível* (9/534). Esse é um argumento que coloca em questão toda a ideia de uma mente ativa, lógica, que se defronta com um mundo passivo de meros dados.

Enquanto essa concepção da *recorrência eterna* reflete acerca das consequências da nossa visão de mundo mecanicista, ela igualmente mostra suas limitações. Como Nietzsche diz, o mecanismo implica um propósito que não seria atingido até o fim último desse mecanismo. Entretanto, esse fim não foi alcançado e é, portanto, impossível (WP 1066). Para fugir de uma tal conclusão, frequentemente se pensa o devir do universo em analogia com aquele de um organismo, um todo vivo. Nietzsche se contrapõe a essa ideia com o argumento de que o cosmos não pode ser um organismo, de modo que um organismo é sempre dependente de algo externo. O mundo não pode ser pensado organicamente, pois cada organismo depende de um mundo.

> A ideia de um devir infinito do novo é uma contradição. Isso pressuporia um força infinitamente crescente. Mas, a partir do que ela cresceria?! A partir do que ela nutriria a si mesma, nutriria a si mesma com um suplemento?! A afirmação de que o cosmos é um organismo contradiz a noção do orgânico. (9/525)

Mas, qual é o objetivo desse argumento? Talvez isso fique mais claro se retornarmos brevemente à ideia de Hegel do espírito do mundo. Como vimos em nossas reflexões sobre a história, o argumento de Hegel relativo ao devir histórico usa a figura do círculo. E, contudo, o espírito, ao retornar a si mesmo, se desenvolve à medida que absorve esse desenvolvimento na forma de uma memória histórica. O *espírito absoluto* era, então, a memória de todos os passados na presença de seu mundo. Uma tal ideia de história nos permitiria fugir das consequências da doutrina do *eterno retorno do mesmo*, à medida que cada ciclo incorporasse o último e, de fato, todos aqueles que o precedem. O mundo criaria, então, sem repetir a si mesmo, continuamente algo novo.

As implicações do *eterno retorno do mesmo* são, pelo contrário, análogas a representações contemporâneas da teoria do *Big Bang* e do *Big Crunch*. Ouvimos aqui frequentemente que o tempo começa com o *Big Bang* e termina com o *Big Crunch*, mas colocar as coisas desse modo é um pouco enganador. À medida que o *Big Bang* é pensado como um evento, ele é pensado no tempo, havendo, então, um antes e um depois. Entretanto, à medida que a matéria que emerge do *Big Bang* não carrega nenhuma memória de nenhum evento precedente que pudesse ser concebido como sua causa, diz-se que não há traço de um desenvolvimento temporal, o que quer dizer que todas as considerações do tempo como a sequência da cadeia causal começa naquele momento mesmo. É, então, somente essa cadeia causal que é pensada começar aqui. Em outras palavras, podemos seguir para trás o desenvolvimento causal através do tempo apenas quando podemos ir para trás através da cadeia causal, sendo, entretanto, essa cadeia quebrada no *Big Bang*.

Não é, então, o caso que a ideia hegeliana de espírito absoluto seja diretamente equivalente àquela de uma forma orgânica viva, mas elas concordam que esse espírito absoluto igualmente se desenvolve ao incorporar tudo e, então, em cada estágio cria algo de novo na forma de um ser com um novo passado. Entretanto, como já vimos, a ideia do universo como um organismo é incompatível com a ideia do orgânico:

> a matéria inorgânica, embora tendo sido orgânica a maior parte do tempo, não aprendeu nada, é sempre sem passado! E, se não fosse assim, não poderia haver nenhuma repetição – porque haveria sempre

a geração de algo a partir da matéria com novas qualidades, com novos passados. (9/578)

Um mundo finito que se move "dentro" de um tempo infinito não pode ser concebido a não ser como já tendo sido inumeráveis vezes e como retornando novamente inumeráveis vezes. Estamos agora em posição de compreender o resumo de Nietzsche da versão ontológica da *recorrência eterna*:

> A nova Concepção do Mundo – 1. O mundo existe; ele não é nada que vem a ser, nem nada que desaparece. Ou, antes: ele vem a ser, ele desaparece, mas ele nunca começa a vir a ser e nunca para de desaparecer – ele subsiste através de ambos...
>
> 5. Se é permitido pensar o mundo como uma quantidade determinada de força e como um número determinado de centros de forças – e, de fato, qualquer outra ideia do mundo permanece indeterminada e, assim, inútil – temos de concluir, então, no grande jogo de dados de sua existência, há um número calculável de diferentes combinações possíveis pelos quais ele tem de passar. No tempo infinito cada combinação possível seria alcançada uma vez ou, antes, seria alcançada infinitas vezes. E como todas as combinações possíveis têm de ocorrer entre cada "combinação" e seu próximo "retorno" e como cada uma dessas combinações causa a sequência total de combinações na mesma ordem, nós, então, experienciamos um círculo de sequências absolutamente idênticas: o mundo como um círculo que já se repetiu infinitas vezes e que joga seu jogo *ad infinitum*. (WP 1066)

E, contudo, temos de ter em mente que essa não é a "Teoria de Nietzsche", mas o pensamento presente nas nossas convicções mais internas concernentes ao mundo da natureza. Quando quer que falamos acerca da "natureza e cultura", acerca de "fato e valor", acerca de "mente e corpo", acerca de "liberdade e necessidade" expressamos essa crença. Nietzsche não apresenta a infinitude de um tempo linear para frente e para trás como uma tese científica. Pelo contrário, ele argumenta que essa é uma concepção rasa e errônea do tempo. Nem poderia haver qualquer prova científica para uma tal teoria, pois toda teoria científica já pressupõe essas noções. Isso quer dizer que essa noção de tempo é simples e necessariamente verdadeira? Não: em vez disso encontramos a infinidade do tempo na sequência indiferente de pontos-agora como um evento na história da autointerpretação da humanidade europeia.

A versão ontológica do *eterno retorno do mesmo* resulta, então, da tese original da *morte de Deus* e do estabelecimento das ciências naturais modernas como o único acesso à verdade. Sofremos a morte do mundo moderno. Que mundo restou? O mundo aparente, o mundo dos fatos. Quais são as consequências dessa representação?

1. Os diferentes ciclos são caracterizados por determinação absoluta, por causalidade estrita e, tão logo o mesmo estado é produzido pela segunda vez, um novo ciclo começa. Há dois problemas:
   a) como é bem conhecido, Nietzsche rejeita todas as formas de determinismo e de causalidade como simplificações científicas ou satisfações;
   b) dentro de um ciclo, como Nietzsche argumenta, é impossível que o mesmo estado seja produzido.

   Mas, se esse é o caso, então o fechamento de um ciclo e o começo de um novo se torna altamente problemático, interrompendo a divisão entre o começo e o fim, a continuidade do devir. Apenas com base em uma premissa mecanicista o *eterno retorno do mesmo* poderia ser representado como um círculo sem saída ou como um movimento eternamente repetido de *Big Bangs* a *Big Crunchs*. A partir da perspectiva do *eterno retorno do mesmo*, não há começo nem fim, ao contrário, o ciclo começa e termina em cada agora. É isso que dá ao agora seu presente, precisamente à medida que ele repete a si mesmo.

2. Nesse *eterno retorno do mesmo* nada retorna – ou, melhor dizendo, não faz nenhuma diferença que tudo retorne como o mesmo. Com o mesmo argumento – ao menos no que diz respeito à sua forma – que Nietzsche usou contra a atualização possível de um equilíbrio de forças, ele afirma que no interior de um ciclo, tanto diacrônica quanto sincronicamente, poderia haver duas "coisas" caracterizadas pela identidade (9/523, 530). Que haja identidade para nós é simplesmente devido à preguiça, à natureza habitual de nossa fantasia (9/493) e suas falsificações em consideração das condições mais adequadas para a vida.

3. Nada retorna – porque nada pode ter nunca existido de uma maneira original, isto é, pela primeira vez, precedendo a qualquer repetição. Em resumo, ninguém produziu o modelo do qual todas as repetições subsequentes são as cópias. Quão longe se possa pensar para trás até o infinito sempre haverá já um outro ciclo precedendo ao ciclo em questão. A inocência do devir como o resultado do fato de que não havia nenhum agente por trás da ação é *amor fati*: fatalismo. O *eterno retorno do mesmo* é, então, caracterizado como pura repetição, não como representação do ciclo. Acabamos de recordar que não estamos olhando para esse ciclo a partir de fora, mas que *nós* estamos e que esse *pensamento* aparece no interior do ciclo. A partir dessa perspectiva, como dissemos antes, o ciclo começa e termina em qualquer agora.

4. Nada retorna – porque a distinção temporal de dois ciclos se torna inoperante. Em outras palavras, não há meios de se distinguir entre

a repetição atual, sua última e sua próxima instância. Ou há uma diferença numérica e uma distância temporal – então o que retorna não é, obviamente, o mesmo – ou a diferença e a distância não são essenciais – então o que retorna é idêntico. Desse ponto se segue também que no interior da história a mesma constelação de questões ou problemas nunca retorna.

O que permanece dessa versão cosmológica do *eterno retorno do mesmo*? Os dois lados desse platonismo sem Deus: a saber, uma explicação de como a imagem científica do mundo cria a aparência de ser no nosso mundo – isto é, como sua interpretação do tempo é derivada do platonismo – e, por outro lado, o *insight* de que este mundo da ciência moderna é niilista. Parece não haver nenhum sentido em um mundo que retorna e retorna, no qual o determinismo é não apenas compreendido a partir das provas científicas individuais de uma correlação entre o comportamento humano, por um lado, e genes, hormônios, substâncias químicas, etc., por outro, mas sim no qual se mostrou que liberdade e ação com sentido são, em princípio, impossíveis, antes de qualquer prova ou de qualquer argumento.

Muitos comentadores tentam argumentar que Nietzsche não acreditava realmente no pensamento do *eterno retorno do mesmo* em um sentido ontológico. Alguns argumentam que Nietzsche queria fornecer provas científicas para a noção de *eterna recorrência*. Acabamos de ver que ambas as noções são absurdas. A primeira, porque a tarefa de Nietzsche era exatamente a de revelar a essência do mundo no qual vivemos para demonstrar que ele é inescapavelmente niilista. A segunda, porque ela se dirige à própria fundação da física moderna, às suas próprias pressuposições, para as quais mesmo a ideia de prova é desprovida de sentido.

A FACE ÉTICA DO *ETERNO RETORNO DO MESMO*

Vimos que a versão cosmológica da *eterna recorrência* conduziu ao *insight* de que a vida é impossível no interior da compreensão de mundo das ciências naturais modernas. Essa versão revelou as consequências da visão científica de mundo, começando com as fundações das ciências modernas desde seus começos em Leibniz e Newton e desde sua formulação no sistema crítico kantiano, que coloca a incompatibilidade do conhecimento prático e teórico. Mas, e o outro lado, a questão da moralidade? Já que tanto a filosofia teórica quanto a prática ainda são essencialmente platônicas, tanto em seu conteúdo quanto em sua separação, o pensamento da *eterna recorrência* deveria ser igualmente capaz de nos fornecer uma compreensão da moralidade moderna. Ao passo que a questão das ações éticas concerne à noção de um sentido ou propósito que dirige minha ação ao futuro, a versão ética do *eterno retorno do mesmo* se encontra em contraste direto ao cosmológico. Devemos esperar, portanto, que a explicação ética se pareça um pouco com a ideia kantiana de moralidade.

De fato, em termos dos escritos publicados de Nietzsche, a explicação ética da *recorrência eterna* precede a cosmológica. Perto do fim da primeira versão de *A gaia ciência*, na seção 341, Nietzsche dá expressão ao "maior peso" nos seguintes termos:

> E se um dia ou uma noite um demônio levasse você para a mais solitária solidão e dissesse: "Essa vida tal como você a vive agora e a viveu você terá de viver uma vez mais e inumeráveis vezes mais; e não haverá nada de novo nela, mas toda dor e toda alegria e todo pensamento e todo suspiro (...) terão de voltar para você; tudo na mesma sucessão e sequência – mesmo essa aranha e esse luar (...) e mesmo esse momento e eu mesmo". (GS 273)

Primeiramente parece que estamos aqui novamente confrontados com a versão cosmológica da *eterna recorrência*, a saber, com a ideia de que a ação humana é impossível, pois ela está destinada a se repetir em qualquer caso o que já está determinado. E, contudo, já discutimos a questão do fatalismo no primeiro capítulo. Vimos lá que o fatalista é o ser humano mais ativo, precisamente porque ele não pode escapar da ação. Nietzsche, então, pergunta como se iria responder a um tal pensamento. Alguém poderia se desesperar e pensar que não se pode fazer nada, pois tudo foi determinado antecipadamente, permanecendo, pois, passivo, ou seria possível compreender esse pensamento como que tudo o que farei terá sido feito por necessidade e será repetido eternamente.

Como vimos com a versão ontológica da *eterna recorrência*, não pode haver nenhum conhecimento do que é necessário, precisamente porque não há memória de uma repetição à próxima. Tudo se torna, então, possível. Consequentemente, o *eterno retorno do mesmo* pode se tornar aquele pensamento que torna minha ação, de outra maneira arbitrária e injustificada, em alguma coisa necessária e, portanto, justificada.

O pensamento da *eterna recorrência*, então, se transforma de um olhar para trás em um olhar para a frente. Isso significa que, em vez de dizer que qualquer coisa que eu faça é apenas uma repetição de algo que já fiz infinitas vezes, vejo que qualquer coisa que eu faça agora farei repetidamente por toda a eternidade futura. É por isso que esse pensamento agora coloca em todas as decisões o maior dos pesos: "você quer isso repetidamente infinitas vezes? (GS 341). O pensamento do *eterno retorno do mesmo* nos fornece, então, um critério formal para toda ação possível, de uma maneira análoga ao imperativo moral kantiano. Olhar rapidamente para esse último irá nos ajudar a desenvolver o pensamento de Nietzsche, especialmente por já sabermos que Nietzsche formulou o pensamento da *eterna recorrência* contra o kantismo, considerado não como uma teoria filosófica, mas como expressão da natureza niilista da nossa autocompreensão da modernidade.

A separação entre a constituição transcendental do mundo e sua existência empírica pode facilmente ser vista como a diferença entre uma forma, por um lado, e matéria, por outro. Como para a discussão da lei moral, isso significa que Kant não nos fornecerá nenhuma tábua de mandamentos e proibições que se impõem aos indivíduos desde fora. Antes, o indivíduo, a partir de um sentimento de respeito pela lei moral, é requisitado por dever a representar a si mesmo como um indivíduo com desejos particulares no interior dos limites dessa lei, de modo a encontrar uma regra formal por meio da qual ele possa julgar uma ação como moral ou imoral. Em virtude disso, uma ação moral é aquela que coloca em mim os interesses da comunidade humana, enquanto uma ação imoral é aquela que opõe a satisfação dos meus próprios desejos a essa comunidade. Para dar um exemplo, a caridade pertence àquela classe de ações que suportam a comunidade como tal, que reduzem sofrimento e que eu poderia perguntar a qualquer um para ver como um exemplo a se seguir. Roubar dinheiro, por outro lado, mesmo se sob circunstâncias especiais eu pudesse afirmar que reduziria o sofrimento, não pode ser recomendado para todos como um exemplo a se seguir, pois ele erodiria a comunidade como tal. Kant não nos dá, então, uma regra que possa julgar universalmente que "caridade é bom" e "roubar é mau", etc., mas ele pode nos dar uma regra que podemos aplicar a qualquer ação possível em qualquer ponto determinado. Isso é o chamado imperativo categórico. Uma de suas formulações é a seguinte: "Aja somente de acordo com aquela máxima que você possa querer que se torne uma lei universal". Em relação a qualquer ação particular sou, então, obrigado a extrapolar sua forma universal, estipulando como essa forma deveria obrigar a todos que se encontrem em uma situação similar.

Mas, por que alguém teria de estipular que essa forma não é apenas uma norma prática que eu poderia aplicar ou não? Em outras palavras, por que Kant necessitaria demonstrar que essa norma remete a um imperativo categórico, um comando que me obriga incondicionalmente? A resposta é bem simples. Se ela fosse apenas uma norma prática que eu poderia empregar ou não, eu não falaria da moralidade no sentido de uma lei moral, mas somente acerca de uma inclinação pessoal para me orientar em minhas preocupações práticas. É por isso que essa consciência moral me obriga, por meio de um sentimento, a saber do respeito pela lei moral como fundamento da liberdade humana. Não é, então, a vontade própria que me motiva, mas sim uma vontade ideal, e é isso que faz com que haja uma consideração moral aqui, à medida que ela é constituída sobre um sentimento que excede meu próprio pensamento e, portanto, se dirige ao meu ser mesmo. De outro modo eu seria capaz de atribuir esse pensamento ao mundo do conhecimento, mas que é, como vimos, desprovido de qualquer intuição da liberdade. É por isso que Kant chama a lei moral de sublime. Isso quer dizer que ela excede minha capacidade de a compreender por meio de uma representação. É o céu estrelado sobre nós e a infinidade da lei moral dentro de nós que, como ele diz, pedem nosso respeito.

Em Nietzsche, essa voz de Deus foi transformada em uma de um demônio: "E se um dia ou uma noite um demônio levasse você para a mais solitária solidão..." Essa figura do demônio já conhecemos das *Meditações* de Descartes, onde ele serviu como a ideia de um deus criador desprovido de sua benevolência, quer dizer, desprovido de sua infinitude. E esse demônio, também, estava falando para mim em minha mais solitária solidão, de modo que essa foi a ideia de um deus criador que criou meu mundo sem me permitir dividir esse mundo com os outros. O demônio apresenta aqui a ideia do imperativo categórico após a *morte de Deus*. Poderíamos, então, reformular o imperativo categórico na linguagem do *eterno retorno do mesmo*: "Aja de acordo com uma máxima acerca da qual você possa querer, ao mesmo tempo, que ela se torne uma lei para toda a sua eternidade", quer dizer, "aja, então, de tal modo que você possa querer essa ação repetidamente por toda a eternidade".

Mas podemos ver imediatamente que esse não é nada além de um pálido reflexo do imperativo categórico. Podemos expressar isso com um exemplo exageradamente banal: quando penso se deveria ficar algumas horas vendo televisão, o demônio poderia me persuadir que isso significaria desperdiçar uma infinidade de tempo; eu pagaria, então, pesado por essa negligência. Mas, qualquer que seja o exemplo que se possa pegar encerraríamos com um pensamento meramente abstrato, sem qualquer força considerável. Quando me pergunto se eu deveria parar de fumar porque isso poderia, finalmente, me matar, respondo em silêncio: "não, fumar não me matará"; quando me pergunto se eu não deveria desperdiçar essas poucas horas porque elas retornarão repetidamente, respondo silenciosamente: "não, elas realmente não voltarão e, em todo caso, se elas puderem voltar, eu já as terei esquecido completamente". Tal como encontramos várias vezes nos textos de Nietzsche, ele argumenta estritamente que o pensamento lógico e abstrato nunca motivou ninguém a fazer nada. A "pequena razão", como ele a chamou anteriormente, sempre me deixou indiferente e pode, então, no melhor dos casos, ser usada para projetos de má fé, isto é, para fingir que minhas ações eram o resultado de um pensamento lógico adequado.

Mas o que tem em mente Nietzsche quando diz que "se esse pensamento possuiu você, ele mudará você tal como você é ou talvez o esmagará. A questão em todo e cada tempo 'você deseja isso de novo e inumeráveis vezes novamente?' repousa sobre suas ações como o maior dos pesos" (GS 274)? Agora, em relação a Kant nós vimos que a lei moral não pode se fundamentar sobre considerações meramente práticas, pois ela teria, então, de encontrar sua motivação na vontade própria, quer dizer, em algo essencialmente imoral. A voz dos demônios não é, então, uma voz moral no sentido próprio da palavra. E, de fato, nessa formulação do imperativo não há referência a outros seres humanos e, então, nenhuma dimensão moral no sentido em que geralmente a compreendemos. Essa formulação da lei teria, assim, já colocado a ação humana em um reino "além do bem e do mal".

Por outro lado, essa formulação ressalta a natureza vácua do imperativo categórico, seguindo aqui uma crítica da parte de Friedrich Wilhelm Schelling (1775-1854), um contemporâneo e amigo de Hegel. Schelling reformula o problema que Kant já tinha visto em relação à incompatibilidade entre o conhecimento que temos do mundo e nossa liberdade moral, de modo que ele oferece a crítica de que em relação à lei moral ou já somos bons para então obedecer ao seu comando ou somos maus, caso em que não damos ouvidos a ele. Consequentemente, não se pode ver como a lei deveria motivar o ser-mau de alguém a se tornar um ser-bom. Nietzsche, então, não avalia o "sucesso" desse pensamento com respeito a tomar uma decisão relativa a essa ou aquela ação baseado na premissa ulterior de que "eu poderia ter feito de outra maneira", mas sim se volta para a afirmação de mim, quer dizer, como um pensamento que me motiva a "vir a ser aquele que eu sou". Aqui eu não represento a mim mesmo como um agente por trás de uma ação que eu poderia, a princípio, separar de mim mesmo, mas afirmo ou nego todas as minhas ações na medida em que essas me tornam aquele que sou. Poderíamos retornar aqui ao exemplo de Leibniz, de Judas, que foi discutido no primeiro capítulo deste livro. Lá a questão não era "por que eu fiz o que eu fiz?", mas sim "posso assumir responsabilidade pelo sujeito que realizou essa ação?".

A noção de responsabilidade moral não se liga a um ato de deliberação racional que vê uma ação particular fundada sobre uma escolha racional, senão que, à medida que essa ação infinita fundamenta meu próprio ser, eu escolho aqui a mim mesmo. Esse pensamento distingue, então, não entre esse ou aquele ato logicamente possível, mas sim, antes de tudo, entre a afirmação autêntica do meu ser e o inautêntico desespero de uma vida que não pode afirmar a si mesma. A versão ética da *eterna recorrência* concerne, então, à afirmação da minha própria existência. Ela dá "a mais alta confirmação e garantia" ao "quem" que eu sou. Tendo visto acima que o propósito da filosofia é demonstrar a identidade entre liberdade e necessidade na afirmação de meu ser, podemos ver aqui que a versão ética do *eterno retorno do mesmo* faz precisamente isso, a saber, ela fundamenta a noção da minha liberdade não no nível do conhecimento como oposto ao mundo "exterior", mas no nível da minha inseparabilidade do mundo da ação.

A questão é, então, sobre como respondo ao pensamento, quer dizer, se meramente penso e chego à conclusão de que o próprio pensamento é incapaz de fazer uma diferença no mundo, ou se o pensamento "toma posse" de mim, levando a uma afirmação da minha existência. Esse "ou...ou" poderia nos recordar de Leibniz quando ele comparou o materialismo com o idealismo, dizendo que esses dois implicam hierarquias específicas entre entidades. O materialismo constrói, em última análise, a hierarquia de seres sobre a sua interpretação da matéria, quer dizer, em concordância com o princípio de passividade, enquanto o idealismo baseia todos os seres sobre a noção da ideia de Deus ou da mente, olhando para o mundo, com isso, a partir da perspectiva da liberdade. Como Leibniz acrescentou, não há argumento ou evidência que pudesse arbitrar entre os dois, mostrando que um era falso e o outro verdadeiro, de tal modo que, ao final, fôssemos livres para escolher a interpretação mais vantajosa. Nietzsche concorda que a decisão não está baseada em boas razões que eu pudesse dar para uma ou outra interpretação, mas ele argumenta, além disso, que essa também não é uma questão de uma escolha sem fundamento. A interpretação do pensamento em uma direção ou em outra é uma expressão do meu próprio ser, na qual mostro a mim mesmo como "fraco" ou "forte". O pensamento não decide entre diferentes classes de ação, mas entre diferentes tipos de seres agentes.

O pensamento do *eterno retorno do mesmo* é suposto vir a ser uma crise histórica da humanidade por separar o forte do fraco, separar aquele que é capaz de suplantar o niilismo daqueles que perecerão por causa dele. É por essa razão que Nietzsche chama a si mesmo, o pensador da *eterna recorrência*, de "dinamite" e de "destino", pois esse pensamento irá dividir ao meio a história. A crise é, então, ao mesmo tempo, histórica – uma vez que marca o fim da compreensão metafísica do ser humano como o meio do caminho entre o céu e a terra, encontrando, assim, no *além do homem* o sentido de nossa era contemporânea, niilista – e prática, pois separa o fraco do forte, quer dizer, o sofrimento passivo do niilismo de um niilismo ativo da força. Para nós, que pensamos esse pensamento, a decisão é, portanto, não a de "se tornar" um animal ou o *além do homem*, mas a de permanecer no estado do niilismo passivo do último homem ou de compreender a enfermidade e se voltar para o niilismo ativo do homem mais elevado. O passo do niilismo passivo é, então, o passo de uma representação passiva do sistema em uma forma lógica da experiência ativa da *eterna recorrência*.

A EXPERIÊNCIA DO *ETERNO RETORNO DO MESMO*

Encontramos duas interpretações do *eterno retorno do mesmo*, a cosmológica ou ontológica, por um lado, e a ética, do outro. Ambas parecem ser totalmente diretas, algumas vezes completamente banais. E, contudo, elas podem ter essa impressão de banalidade precisamente porque cristalizam a essência de nossa própria existência. Isto é, elas parecem banais para nós porque seu sentido parece ser autoevidente. Somos esse meio do caminho entre céu e terra e, tendo chegado ao fim da era platônica, esses dois lados do nosso ser se tornaram descolados um do outro. Uma interpretação vê o mundo como pura necessidade; a outra tenta captar nossa liberdade.

A tarefa é, então, promover sua união. Essa tarefa já começou a ser realizada, à medida que é o mesmo pensamento, a mesma doutrina que dá expressão tanto à liberdade quanto à necessidade. E, contudo, essas duas parecem opostas uma à outra e, portanto, não podemos ter a esperança de as "colar" de novo uma à outra de uma maneira conservadora qualquer. Quer dizer, muitas pessoas hoje em dia proclamam que deveríamos solucionar os males da sociedade contemporânea encontrando um caminho de volta aos antigos valores que tornaram possíveis, no passado, a vida e a ordem. E, contudo, como diz Nietzsche, *Deus está morto* e Deus permanece morto; nenhuma ação intencional de nenhum ser humano irá trazê-lo de volta à vida. Em outras palavras, o ser humano como esse meio do caminho entre céu e terra, entre mente e corpo está chegando a um fim. E o pensamento do *eterno retorno do mesmo* é um meio de trazê-lo para esse fim. Mas, o que é esse fim? O que vem após ele? O começo de *Zaratustra* torna isso claro: "O homem é um cabo fixado entre o animal e o *além do homem*" (Z 4). Chegando ao fim do cabo, o ser humano toma forma daquilo que Nietzsche chama de *último homem*. Esse último homem é o humanista contemporâneo da era científica. Ele interpreta a si mesmo como fim e propósito da criação e, então, resiste ao movimento histórico que o levaria para além de si mesmo. Essa resistência toma a forma de reduzir tudo que é ao presente: o mundo é, então, um mundo de fatos e pensamentos são representações ou crenças presentes. Ainda pensamos em algo como o futuro, mas ele é pensado somente para preservar o presente, para deixar espaço para aqueles que somos. O último homem, então, "questiona, questiona e nunca se cansa: 'como pode o homem preservar a si mesmo do modo melhor, mais longo, mais agradável?' Com isso, [esses últimos homens] são os mestres do presente" (Z 298). Na medida em que o ser humano é o mestre do presente e na medida em que essa maestria é chamada de metafísica, filósofos têm falado desde a metade do século XX de uma "metafísica da presença".

Mas, tal como Nietzsche argumenta, o ser humano vive historicamente, e a única verdade que o permite viver historicamente é historicamente fundamentada. O último homem sofre, então, sem saber, de uma doença histórica. O pensamento do *eterno retorno do mesmo* começa, portanto, a partir dessa doença, de modo que ela se dirige a nós. Ele assume a posição de uma visão extra-histórica não porque acredita na justificativa de uma tal visão, mas porque essa é a visão que determina a modernidade. No pensamento do *eterno retorno do mesmo* a própria ideia do tempo como infinitude é colocada em questão, porque é mostrada de forma contraditória. Em vez de agora se voltar contra o pensamento do *eterno retorno do mesmo* para denunciá-lo como a verdade do ser humano contemporâneo, o próprio pensamento da *eterna recorrência* tem de ser compreendido em seu sentido temporal, quer dizer, na mudança que sofre enquanto tomando posse do pensador. Poderíamos tornar isso mais claro da seguinte maneira: qual seria o sentido de criticar a modernidade dos últimos homens se essa crítica não fosse capaz de nos levar adiante nos seus próprios termos? Se houvesse uma diferença entre a crítica e a solução, então teríamos retornado à impotência do ideal.

Pensar, como Nietzsche já o disse no ensaio *Sobre a verdade e a mentira em um sentido extramoral*, é em si mesmo uma ação, o que quer dizer, é para ser compreendido ele mesmo de acordo com um começo, um desenvolvimento e um fim. Em outras palavras, o pensamento encontra sua satisfação primeiramente na experiência de pensar. Uma experiência é algo que nos altera e que acontece conosco, e é por essa razão que temos dito continuamente que um pensamento somente pode ser pensado em seu movimento. Ele nos recolhe em algum lugar e nos leva a algum outro lugar. O mestre da *eterna recorrência* tem de, então, ao mesmo tempo, ser o mestre do *além do homem*.

Temos, portanto, de compreender essa experiência tal como ela está mais claramente expressa no *Zaratustra*. Somente compreendendo essa experiência podemos ter um *insight* na razão pela qual Nietzsche apresenta esse pensamento não apenas como o maior dos pesos, senão também como um enigma. Por que haveria um enigma onde encontramos duas ideias relativamente banais? Porque o movimento do próprio pensamento não pode ser representado clara e distintamente, ele não pode ser dissolvido em ideias, recorrendo, então, no *Zaratustra*, à alegoria. O *Zaratustra*, o "livro mais profundo já legado à humanidade" é, então, o mais profundo, ao menos porque não é superficial, pelo fato da verdade não poder ser dada clara e distintamente, mas apenas contra o pano de fundo da profundidade do tempo histórico.

Nietzsche explora a experiência do pensamento da *eterna recorrência* mais explicitamente no capítulo "Sobre a Visão e o Enigma", no começo do terceiro livro do *Zarastutra* (Z 176-180). Falamos das duas faces do pensamento e, de fato, o título alemão do capítulo é, traduzido literalmente, "Sobre a Face e o Enigma". Na medida em que esse enigma diz respeito à experiência do pensamento, quer dizer, na medida em que ele vai além da representação das duas faces – a interpretação ontológica e a ética –, ele não se apresenta mais para o último homem. Para compreender essa experiência, temos de já ter tido um *insight* no significado da morte de Deus, de modo que ela concerne à abolição da verdade e do mundo aparente. Ou, enquanto a formulação das duas faces concernia à situação do ser humano expressa na filosofia transcendental kantiana, separando claramente aquilo que pode ser conhecido daquilo que não pode ser conhecido, Zaratustra apresenta o pensamento para aqueles que deixaram o kantismo para trás de si.

Na *Crítica da razão pura*, Kant fornece uma imagem da tarefa de sua filosofia crítica. Na medida em que crítica significa aqui estabelecer os limites legais do conhecimento, ele compara essa situação a uma ilha, quer dizer, a uma terra finita onde se tem uma base sólida sob os pés. Essa ilha da razão é cercada pelo mar selvagem como o reino para o qual os nossos desejos frequentemente nos levam, mas onde não há conhecimento seguro a ser ganho. O louco da seção 125 de *A gaia ciência* já declarou o fim dessa ilha em consequência da morte de Deus e, no *Zaratustra*, ele dirige o pensamento do *eterno retorno do mesmo* aos "empreendedores e aventureiros arriscados e a quem quer que tenha embarcado com velas desfraldadas em mares assustadores", àqueles "intoxicados por enigmas", e não por ideias claras e distintas, àqueles que "gostam do crepúsculo" e deixaram, portanto, os ideais do Iluminismo para trás de si, e ainda, também, àqueles que desistiram do pensamento calculador, àqueles que "odeiam calcular" lá onde eles podem adivinhar (Z176). A experiência do pensamento está, então, aberta somente àqueles que compreenderam a essência niilista da modernidade, àqueles que compreenderam a enfermidade histórica e agora buscam uma cura. Esses destinatários do enigma serão posteriormente chamados de "homens superiores". Apenas a esses *Zaratustra* dirige o enigma. E ele chama esse enigma a visão "da face do homem mais solitário".

O enigma começa com Zaratustra subindo um caminho montanhoso, o qual, como veremos brevemente, significa a experiência do pensamento tal como o levou acima da praça do mercado dos últimos homens. Mas, subir a montanha é uma tarefa árdua, ainda mais que Zaratustra é, ao mesmo tempo, puxado para baixo pelo *espírito de gravidade*, a quem ele chama de "seu demônio e arqui--inimigo" (Z 177). Quem é esse *espírito de gravidade*? Como sempre em relação às determinações filosóficas, temos de ser cautelosos. O *de* nesse nome não distingue um espírito de todos os outros, mas sim provê uma definição essencial daquilo que é o *espírito*. Espírito traduz aqui a palavra alemã *Geist*, frequentemente traduzida também como *mente*. Tendo considerado, no primeiro capítulo deste livro, a redefinição de Nietzsche do problema mente-corpo como o conflito entre a "pequena razão" e a "grande razão", entre consciência e pensamento corporificado e, compreendendo que o espírito de gravidade está sentado sobre seus ombros, não é difícil ver que é esse conflito que é aqui dramatizado. Zaratustra tenta ultrapassar a essência do ser humano como o híbrido de mente e corpo, mas a mente resiste e tenta empurrá-lo para baixo. Ela faz isso por estar restrita à lógica formal – isto é, o *espírito de gravidade* objeta que tudo que sobe tem de descer, que uma pedra jogada para cima tem de cair novamente. Em outras palavras, ele diz a Zaratustra que todo o esforço de ultrapassar a si mesmo está condenado de princípio ao fracasso. O espírito se senta sobre ele "meio anão, meio toupeira; aleijado; vertendo gotas de chumbo no meu ouvido, carregando pensamentos no meu cérebro" (Z 177).

"Eu ascendi, eu sonhei, eu pensei – mas o Todo me deprimia" (Z 177): enquanto as primeira atividades são, para Nietzsche, atividades prescritas para o corpo, o Todo é um produto da mente e, de fato, seu produto mais adequado. Ele é, antes de tudo, a universalidade lógica do pensamento concebido por Platão, que pensa tudo em relação a uma forma universal: o Todo. É em face desse Todo que o ser humano é sufocado. E o espírito é o *espírito de gravidade* precisamente porque ele repousa o peso do Todo nos ombros do ser humano, o que ele somente pode fazer por meio da representação, de tal modo que o que não tem nenhuma semelhança pode ainda ser alinhado, categorizado, arquivado em uma consciência singular. A contradição, no sentido literal, entre "pequena" e "grande" razão é, então, completamente estranha. Enquanto a última é mais abrangente do que a primeira, a "pequena razão" abarca o universal, isto é, o Todo precisamente na medida em que ela reduz seu objeto ao presente. E esse presente é alguma coisa da qual não se pode escapar: no meio desse Todo, qualquer movimento é impossível. É por isso que encontramos no *Anticristo* a caracterização dos últimos homens, como aqueles que são tudo, tudo que não sabe onde se voltar. Para esses últimos homens, o pensamento não pode ser nada além da representação objetiva das representações lógicas abstratas, mas como tal ele sempre já apareceu como supérfluo, como impotente. O *espírito de gravidade* é, então, o mais íntimo inimigo de Zaratustra, pertencendo à história de seu próprio pensamento, condenando-o à solidão de uma alienação do corpo e mente em dois: "Assim como um casal, se é verdadeiramente mais solitário do que sozinho" (Z 177).

À medida que o *espírito de gravidade* desencoraja Zaratustra, este responde com coragem, mostrando assim que o pensamento da "grande razão" não exclui a base emotiva do pensamento. Coragem é, certamente, algo que pertence ao pensamento, ao caminho do pensar, mas não pode ser dissolvida em resultados lógicos. Pensar com ou sem coragem não faz nenhuma diferença para a "pequena razão", mas faz toda a diferença para Zaratustra. Frequentemente, na primeira leitura do Zaratustra, o leitor pode ficar tentado a ignorar muito da forma "estilística" e pensar que muitas vezes uma observação pertence, por assim dizer, à "história contada" mais do que ao argumento filosófico. E, contudo, após um tempo o leitor compreende que cada palavra no Zaratustra foi colocada com o maior cuidado de composição, que nenhuma palavra aparece nele por acidente. A coragem responde à questão de por que alguém pensa e, então, à questão acerca da direção do pensamento, pertencendo, com isso, a uma longa tradição da filosofia, refletindo sobre a motivação afetiva do pensamento, quer dizer, refletindo acerca das paixões como a fundação de todo o pensamento humano. Mas, antes de tudo, Nietzsche marca aqui uma diferença entre a "pequena razão", encapsulada na presença da representação lógica, por um lado, e, por outro, a "grande razão", com seus potenciais de movimento, desenvolvimento e mudança.

Consequentemente, essa coragem faz Zaratustra parar e desafiar o *espírito de gravidade* com o enigma do *eterno retorno do mesmo* – quer dizer, o enigma do tempo –, um enigma, então, que o anão não pode compreender, na medida em que seu pensamento permanece no interior da presença atemporal da representação formal. Onde eles pararam há um portão:

> Veja esse portão, anão! (...) ele tem duas faces. Dois caminhos se juntam aqui: ninguém chegou ao fim deles.
> Essa longa via atrás de nós: ela dura uma eternidade. E essa longa via à frente de nós – isso é uma outra eternidade.
> Esses caminhos contradizem um ao outro. Eles batem cabeça: – e aqui, nesse portão, é onde eles se encontram. O nome do portão está escrito no alto: "Momento".

> Mas, e se alguém seguisse adiante, e mais adiante, e mais adiante: você pensa, anão, que esses caminhos se contradiriam eternamente?"
> (Z 178)

O anão responde desdenhosamente. Para ele não há nenhum enigma, pois a solução para esse problema é muito simples. Dois caminhos retos que encostam um no outro, enquanto ainda conduzindo à mesma localização, a saber, a infinidade, têm de formar um círculo. "Toda reta mente (...) o próprio tempo é um círculo", responde ele. Ambos respondem aqui à questão "o que é o tempo?" e não dão ambos a mesma resposta? A saber, que o tempo é um círculo e se repete infinitamente? Não é o que aprendemos acerca da versão ontológica da *eterna recorrência*? Mas já vimos, por outro lado, que uma resposta na forma de uma sentença como "isso é aquilo" tem um significado que se refere àquele que disse isso, na medida em que se refere à sua base emotiva e, por outro lado, que uma tal representação objetiva coloca a si mesma fora do tempo para olhar para o tempo, o que é impossível.

Tendo dito que a questão "o que é o ser" é conduzida por Nietzsche a uma tipologia, à questão "quem diz ser?", a diferença entre as palavras de Zaratustra e as do anão parece ser, antes, imperceptível. Ambos caracterizam o tempo como um círculo, e, entretanto, a distância entre eles é tão imensa que imediatamente perdem um ao outro de vista. Ambos parecem dizer o mesmo, mas o mesmo é dito cada vez a partir de uma perspectiva diferente. Mas isso não significa dizer que a diferença é colocada como uma diferença de autoridade. Se pensamos aqui o pensamento da *eterna recorrência* como uma doutrina, então podemos ver que qualquer expressão revela o sentido da sentença que a precede e, portanto, o sentido da asserção "o tempo é um círculo" depende da voz que a pronunciou, ou, antes, das sentenças que formam sua história. Isso é precisamente o regresso infinito do sentido que era suposto ser parado pelo pensamento representacional. Enquanto esse último meramente expressa uma entidade lógica, Zaratustra torna claro que essas entidades lógicas pertencem elas mesmas ao fluxo do tempo:

> "E essa aranha lenta, que na luz da Lua se move furtivamente, e a própria luz da Lua, e eu e você no portão sussurrando juntos, sussurrando acerca das coisas eternas – não temos todos de já ter estado aqui antes?"
> (Z 179)

O *eterno retorno do mesmo* ressaltou, então, que o próprio tempo é histórico, que a nossa compreensão do tempo como tempo do relógio pertence à nossa compreensão equivocada da verdade como verdade eterna, e que nós temos consequentemente de compreender não apenas o que o *eterno retorno do mesmo* diz acerca da existência histórica, mas também em que sentido o pensamento do *eterno retorno do mesmo* é ele próprio histórico. Isso quer dizer que, ao contrário de ser indiferente ao momento histórico efetivo que descreve, *ele é concreto ao compreender sua própria aparição como especificando seu conteúdo*. Tudo retorna, tal como estipula o *eterno retorno do mesmo*, inclusive esse pensamento do próprio *eterno retorno do mesmo*.

Vimos, no Capítulo 2, que Nietzsche distingue a noção histórica e a noção tradicional de verdade como correção da representação, que ele demonstrou, em *Verdade e mentira em um sentido extramoral*, como sendo metafórica em sua essência. Uma tal verdade é uma não verdade ao não ser capaz de falar acerca do mundo. É por isso que, no *Anticristo*, ele diz que Jesus fala apenas por meio de metáforas. Quer dizer, enquanto ele parece falar do mundo, o sentido de sua fala aponta para o além do mundo: ele não fala dessa vida, mas sim do pós-vida. O mesmo vale para a linguagem conceitual em sentido geral: nela parece que se fala acerca do mundo finito no qual vivemos, embora realmente se referindo a concepções universais totalmente indiferentes a esse mundo. É pela mesma razão que Kant afirma, como vimos no Capítulo 3, que nas ciências matemáticas "a realidade nem mesmo aparece como um problema".

Aqui, de igual maneira, o *espírito de gravidade* usa a imagem do círculo como uma metáfora para o tempo, enquanto Zaratustra é arrastado para a alegoria ou parábola (*Gleichnis*) da *eterna recorrência*. Como uma metáfora esse pensamento deixa indiferente o *espírito de gravidade*, enquanto ele tomou posse de Zaratustra e, então, o moveu. Ele mudou Zaratustra e está ele próprio mudando. É por isso que o espírito de gravidade desaparece da vista de Zaratustra. Umas poucas linhas depois Zaratustra então pergunta: "Para onde foi o anão? E o portão? E a aranha? E o sussurrar?" (Z 179)

O anão não pode compreender que o pensamento do *eterno retorno do mesmo* determina a si mesmo, em sua aparição histórica, como uma resposta ao niilismo. Ele não pode compreender que esse niilismo aparece por meio da abolição do tempo concreto por causa do eterno Agora, e é precisamente por essa razão que ele desaparece da visão de Zaratustra. O *espírito de gravidade* não mais habita as mesmas questões que Zaratustra, e era, de fato, a tarefa total desse episódio mostrar que o anão não tem direito de crescer, mostrar que ele somente pode ter crescido sobre os ombros de Zaratustra e, *consequentemente*, que Zaratustra tem o direito de se livrar dele. O enigma do *eterno retorno do mesmo* é dirigido, então, somente a Zaratustra, o pensador da "grande razão do corpo, que agora vem a vê-lo como a 'face do homem mais solitário'". Isso se refere à imagem que agora vem à vista de um jovem pastor sufocado por uma cobra negra que rastejou até a sua boca. Não é muito difícil ver isso como uma imagem do homem sofrendo o pensamento da *eterna recorrência*. Zaratustra conta de sua tentativa de empurrar a cobra para fora da sua boca, de ajudá-lo a se livrar do seu sofrimento e contudo, é somente com coragem, e não com um bom argumento, que o pastor pode arrancar sua cabeça com uma mordida e cuspi-la.

Certamente, essa alegoria não nos fornece muita compreensão concernente à questão de superar o niilismo. Tudo que isso ilustra é o processo de compreensão da doença do niilismo e da impossibilidade de superar um tal niilismo através de boas ideias, acrescentando, portanto, que a "racionalidade" da "pequena razão" não ajuda muito aqui. O enigma do vir a ser do *além do homem* é como um enigma que resiste ao cálculo. E, contudo, como veremos na última seção deste capítulo, esse vir a ser do *além do homem* permanecerá um enigma, quer dizer, o objeto de um desejo que não pode ser satisfeito em nossa presença.

Isso é tudo que o *Zaratustra* pode nos contar acerca da experiência do *eterno retorno do mesmo*? Onze seções mais tarde, em "O Convalescente", Zaratustra revisita esse pensamento. Como vimos repetidamente, isso não significa que ele emprega mais habilidades lógicas para desenvolver ulteriormente o pensamento, mas ele fala do pensamento tomando posse dele. Se compreendemos o corpo, a "grande razão", predominantemente como algo passivo, aqui também o pensamento é experenciado como um afeto, como a tarefa da incorporação de nossos maiores erros. Tendo visitado esse pensamento, Zaratustra cai inconsciente, desperta e não fala nem deixa sua caverna durante sete dias. Ao fim desses sete dias o mundo retorna a ele e seus animais decidem que é agora tempo de falar com ele. Enquanto seus animais agora começam um discurso longo e poético acerca da *eterna recorrência* de todas as coisas naturais, Zaratustra permanece a maior parte do tempo calado e, se ele chega a falar é para comparar o discurso dos animais com aquele do homem e suas crueldades. Esse discurso sobre a *eterna recorrência* também não é, então, de Zaratustra. Considerando que, como diz Nietzsche em seus cadernos de notas do tempo em que ele estava escrevendo o *Zaratustra*, é a consequência de Zaratustra que o ser humano, para não sofrer com esse pensamento, tenha de se desenvolver para trás em direção à vida animal ou para a frente em direção ao *além do homem* (10/479F), aqui encontramos meramente o discurso dos animais. Para compreender mais do pensamento do *eterno retorno do mesmo*, temos, então, de seguir a mesma pista que o *eterno retorno do mesmo* é também o mestre do *além do homem*.

ÚLTIMO HUMANO, HUMANO MAIS ELEVADO E ALÉM DO HOMEM

> Criamos o mais difícil pensamento – criemos agora a criatura para a qual ele é leve e beatífico.
>
> 1883

A noção de *Übermensch* – o além do homem – nas obras de Nietzsche tem atraído um interesse considerável e talvez não seja muito surpreendente que muito desse interesse tenha conduzido a interpretações algumas vezes divertidas e algumas vezes catastróficas. Os nazistas do *Drittes Reich* alemão fizeram, assim, desse *Übermensch* a caricatura da "besta loura" voluntariosa. A primeira tradução desse termo nos textos de Nietzsche como o *super-homem* apenas piorou essa imagem absurda. Essa ideia do *super-homem* "tendo" uma grande *vontade de poder* por meio da qual ele subjugaria outros humanos se manteve, infelizmente, influente por um longo período de tempo. Isso não é devido a nenhuma leitura atenta de suas obras, mas simplesmente porque é assim que se pode compreender mais facilmente os termos *vontade de poder* e *super-homem*. Em consequência disso, muitos tradutores passaram a adotar a tradução mais literal de *além do homem*. Essa tradução faz mais sentido no que tange ao prefixo alemão *über*, mas ainda ressente de implicar um indivíduo singular. Mas Nietzsche não fala acerca de um ser humano individual feminino ou masculino, mas acerca da existência histórica do "ser humano". Portanto, embora seja gramaticalmente mais embaraçoso, decidi aderir nestas páginas à tradução literal da palavra *Übermensch* como *além do homem*.

A era do ser humano como o meio do caminho entre céu e terra chega ao fim no sofrimento do niilismo. Como, após a *morte de Deus*, a história aparece como infinitamente aberta, esse ser humano aparece na sequência pré-histórica de todos os tipos de animais. Após Darwin, esse ser humano compreendeu que ele não foi concebido pelos deuses, mas que, como qualquer outro animal, tem, antes, uma origem baixa. Em vez de chamar Deus de seu pai, o ser humano encontrou o macaco como sua origem. Falar do ser humano como o cabo estendido entre o animal e o *além do homem* é, então, antes de tudo, ver a finitude histórica do humano tanto quanto a de qualquer ser vivo.

Mas, por que essa forma de vida que se segue ao ser humano é ainda chamada de além do homem? Porque o futuro é algo que ainda não é dado a nós como uma ideia clara e distinta. Em uma experiência mental absurda, poderíamos olhar para isso do ponto de vista do macaco: e se o macaco fosse capaz de compreender que nesse futuro ele chegaria ao fim? À medida que ele não teria sabido o que o futuro traz, de fato, à medida que o futuro como futuro é, em princípio, incognoscível, ele somente seria capaz de o chamar de aquilo que se seguirá a seu próprio ser. Como tal, ele poderia chamá-lo de *além do macaco*. Apenas quando esse futuro tiver se tornado realidade esse *além do macaco* se mostrará ser o ser humano, enquanto da perspectiva do macaco esse ponto teria permanecido sem significado. Nietzsche fala similarmente do futuro do ser humano como sendo o *além do homem*.

Em oposição a uma tal representação cuidadosa e limitada, nós frequentemente queremos compreender o que esse *além do homem* é, atribuindo predicados a essa palavra. E, entretanto, atribuir predicados a uma coisa significa determiná-la em sua presença, enquanto o *além do homem* precisamente ainda não está presente. Você pode ver agora novamente a crítica nietzscheana do tempo. Tendemos a compreender os diferentes estágios temporais do passado, presente e futuro reduzindo-os ao presente-sido, ao presente-presente e ao presente-a-ser, de tal maneira que podemos compreender essas entidades que não pertencem ao nosso presente igualmente como coisas presentes. O mesmo vale para a ideia de utopia, onde se representa a ideia de um presente que reside no futuro. Mas Nietzsche já mostrou que essa ideia de uma universalidade da representação pertence à representação equivocada do tempo, àquelas sensações de espaço e tempo que nos conduzem ao erro. Ver que o mestre do *além do homem* é igualmente o mestre da *eterna recorrência* é, então, compreender que o futuro não pode ser pensado por nós como uma presença a chegar. É certo que se olhamos para a posição do macaco no nosso exemplo, podemos dizer que a presença do ser humano era seu futuro, mas que, de novo, permaneceria sendo uma representação abstrata. Se o futuro tivesse qualquer significado para a presença do macaco, esse futuro precisamente não teria sido a presença do ser humano.

"Vejam, eu ensino a vocês o *além do homem*" significa, então, ao mesmo tempo, "eu ensino a vocês o inumano", no sentido de ensinar o que não é mais humano. Como Nietzsche diz, o *além do homem* está relacionado ao homem como o homem está relacionado ao macaco – por meio de negação. O além do homem dirá – enfaticamente – *Eu não sou um ser humano; o ser humano é esse híbrido não adaptado, esse ser que por meio de sua constituição foi determinado como fraqueza*. Esse pensamento do *além do homem* pressupõe, então, a crítica do tempo, estipulando que o passado, o presente e o futuro não podem mais ser equiparados ao presente-sido, presente-presente e presente-a-ser –, significando isso, por sua vez, que o *além do homem* não é simplesmente o homem que viverá no próximo século. Este é, em outras palavras, todo o problema do *além do homem*: o estatuto ontológico das "coisas" passadas, das "coisas" presentes e das "coisas" futuras difere.

Alguém que pode ver o futuro na forma de uma imagem presente não pode ser chamado de filósofo, mas sim de profeta. Um tal profeta não tem mais seus olhos no mundo, mas no futuro como um outro mundo que irá passar. O filósofo, por outro lado, está plenamente imerso neste mundo; ele tenta ver o mundo, por assim dizer, a partir de seu interior e, portanto, somente há um mundo para ele. Nietzsche torna claro esse ponto em *A genealogia da moral*. Tendo exaltado a ideia do *além do homem* em uma passagem entusiasmada que termina com a linha *"ele tem de vir um dia"* (GM 71), Nietzsche imediatamente examina a si mesmo e conclui: "Mas, o que estou dizendo? Basta! Basta! Neste ponto apenas uma coisa é apropriada, o silêncio". Nietzsche geralmente não é muito favorável a profecias e, quando parece ser, demonstra que o que parece uma profecia para nós é falado a partir da posição de uma experiência mais fina e mais sensível, do mesmo modo que quando atribuímos aos sapos a habilidade de profetizar o tempo.

Assim, na medida em que Nietzsche tem algo a dizer acerca do *além do homem*, isso é geralmente "negativo", isto é, derivado do sofrimento que dá origem ao nosso anseio pelo *além do homem*: que ele estará para o ser humano assim como o ser humano está para o macaco; que o pensamento da *eterna recorrência* será fácil para ele ouvir; que ele não será mais esse híbrido de espírito e planta; que podemos imaginá-lo como Júlio César com o coração de Jesus Cristo, etc., mas nenhuma dessas observações pode contar como um atributo de um ser presente. Portanto, nem Nietzsche nem Zaratustra nunca dizem algo como "torne-se o *além do homem*" ou "sirva ao *além do homem*", mas sim "deixe o *além do homem* ser o sentido desta Terra", enquanto um ser humano presente não pode de maneira nenhuma *ser* um sentido.

Você encontrará muitas vezes a seção três de *O anticristo* citada como uma prova que Nietzsche não pensou acerca do *além do homem* como aquele que se segue ao ser humano. Aqui diz Nietzsche: "O problema que levanto aqui não é o de que deveria suceder a humanidade na sequência das espécies (...) mas, que tipo de ser humano se deveria *criar*, se deveria *querer* como o mais valioso, mais digno de viver, mais certo do futuro" (AC 126). Mas isso realmente contradiz o que vínhamos falando aqui? Se contradissesse, encontraríamos uma incoerência fundamental na obra de Nietzsche, colocando em xeque não apenas a ideia do *além do homem*, mas também a natureza histórica do pensamento da *eterna recorrência* e da noção da *vontade de poder*. E, contudo, como veremos, não há contradição aqui. O ser humano é, de fato, um fim e está no fim, e a história humana não é vista, por Nietzsche, na forma de um progresso que conduz ao *além do homem* como um ainda mais elevado coroamento da criação. Efetivamente, não cabe ao ser humano "produzir" o *além do homem* ou fazer de si mesmo o *além do homem*.

Embora, falando em abstrato, podemos vir a olhar o ser humano como um cabo estendido entre o animal e o *além do homem*, concretamente falando, quer dizer, a partir da perspectiva do ser humano, o que é dado é seu fim. Ele experiencia esse fim como niilismo, e se pensava que *eterno retorno do mesmo* faria uma diferença. Mas essa diferença para nós é, antes de tudo, aquela entre niilismo passivo e niilismo ativo, em que o primeiro é compreendido como sua repressão e o último como sua realização. Nietzsche expressa essa diferença na diferença entre os Últimos Homens e os Homens mais Elevados. Na medida em que essa diferença é para se tornar significativa por meio do pensamento do *além do homem* como o sentido dessa Terra, tem de ser possível caracterizá-la com respeito a suas respectivas posturas frente ao futuro. Já vimos essa questão em relação aos Últimos Homens. Esses compreendem a si mesmos como o ponto alto da criação, como seres de um valor absoluto, para os quais não há, consequentemente, nada a fazer. Os Últimos Homens podem ver o futuro somente como uma preservação de sua própria presença: com isso eles são os mestres do presente. Pensar acerca do *além do homem* não pode significar para eles nada além de pensar acerca de suas próprias possibilidades. Eles poderiam, então, abraçar a ideia como uma de autofortalecimento, como uma justificação possível de seu egoísmo privado e de seu sentimento vazio de superioridade. Ele é vazio, como Nietzsche argumenta, porque o mundo não oferece mais para eles nada de valor. Os mestres do pensamento são, então, aqueles sem futuro e, como tais, estão cansados do mundo, pois são incapazes de ver nessa ideia nada além deles mesmos. E mesmo além de suas mortes eles ainda veem a si mesmos como determinando a "pátria" de seus descendentes. Hoje, por terem aberto mão da ideia da vida eterna no céu, eles chegam mesmo a pensar que poderiam enganar a morte completamente por meio da invenção de alguma cura genética para essa presumida "doença". Zaratustra julga que esses últimos homens são "a *mais perigosa espécie de homem* porque preservam sua existência tanto à custa da verdade quanto à custa do futuro" (EH 99).

E, contudo, como Nietzsche diz, aqueles que ainda têm um futuro não estão procurando controlá-lo para determinar uma tal "pátria" através da perenização da sua própria presença. Em vez disso, a criação significa para eles criar algo para além deles mesmos, a saber, abrir caminho para a terra de seus filhos, que Nietzsche chamou de "Criançolândia". Aqui nossa resposta instintiva às noções de "força" e de "fraqueza" parecem ser pervertidas ao chamarmos de "fracos" aqueles que dominam o futuro, enquanto os "fortes" são aqueles de quem Zaratustra diz que "desejam a própria queda". Veremos, de novo, com a noção de *vontade de poder* que isso não é coincidência ou contradição, mas que Nietzsche tenta nos ensinar uma lição concernente a essas ideias do que é fraco e do que é forte. À medida em que ele argumentou, em *A genealogia da moral*, que nossa moralidade contemporânea diz respeito a uma inversão dos valores de "bom" e "mau" e de "fraco" e "forte", deveríamos esperar que nossos instintos as julgassem de maneira completamente errada. Daqui se segue a interpretação grotesca do *além do homem* como aquele que, sem nenhuma consideração pelos outros nem pelo mundo em geral, simplesmente afirmaria seu egoísmo privado "matando outros". Essa interpretação é, então, derivada da perspectiva da moralidade do escravo que sonha com uma libertação de sua impotência face ao mundo e da ideia ressentida da liberdade como "liberdade dos... outros" atrás da qual se esconde um cansaço da vida e um cansaço do mundo; em resumo, niilismo passivo.

Podemos ver aqui novamente a diferença entre a "grande razão" e a "pequena razão": a liberdade como atribuída à mente abstrata, concentrada é sempre "liberdade de", à medida que a própria mente é concebida em abstração do mundo. Seu ideal é, então, abstrair a si mesma do mundo, demonstrar sua independência. Tão logo, por outro lado, a liberdade é atribuída ao corpo, à "grande razão", seus pontos ideais são colocados na direção oposta, a saber, em direção àquilo que ela pode fazer, em direção ao grau em que ela pode fazer coisas no mundo, quer dizer, ao grau em que ela pode integrar a si mesma em seu mundo. Nietzsche chama essa liberdade de "liberdade de", que expressa a si mesma como fidelidade ao mundo. "Livre de quê? Zaratustra não se importa com isso! Mas seu olho deveria claramente me dizer: livre *para* quê?" (Z 89). Os últimos homens são aqueles que não podem criar além de sua própria duração, além de sua maestria sobre o presente. Contudo, já que o problema da história é o problema da criação, eles estão trazendo a história a um fim.

Aqui, a história necessita da doutrina da *eterna recorrência*, necessita "de uma doutrina forte o suficiente para ter um efeito formador: fortalecendo o forte, frustrado e destrutivo para aqueles cansados do mundo" (11/69). Mas esses "fortes" não estão próximos de se tornarem o *além do homem*, eles são os *homens mais elevados*, para os quais o *além do homem* é o sentido dessa Terra. Esses *homens mais elevados* são niilistas ativos. Eles compreendem que a existência humana na nossa época está entrando em uma crise e que essa crise não pode simplesmente ser descartada. E, contudo, eles veem essa crise como uma crise histórica, e não como uma transição pessoal do ser humano ao *além do homem*. Todo o quarto livro do *Zaratustra* é dedicado a compreender esses *humanos mais elevados*. Já que Nietzsche está aqui descrevendo por metáforas a fundação de uma nova era, ele o faz na imagética da última fundação de uma nova era, isto é, ele o faz em termos cristãos. Zaratustra retorna para a sua caverna nas montanhas. Ele descreve a si mesmo como pescador que capturou homens com seu pensamento mais profundo. Em seu caminho ele se depara com um após o outro desses *homens mais elevados* que o procuraram para se tornarem seus discípulos. Esses *homens mais elevados* são representantes de todos os caminhos da vida, da religião e da ciência, da política e das artes, do mito e da filosofia, dos literatos e do público. Eles todos se reúnem para a Última Ceia para, então, se dispersarem novamente.

Que esses *homens mais elevados* são niilistas se torna claro imediatamente a partir da sua descrição e das suas ações. Eles estão procurando por um mestre porque perderam sua direção e sua fé. Eles tentam disfarçar e parecem ser menos necessitados do que o são. Se eles são o "último Papa" ou o "cientista", compreendem que sua posição é insustentável e, com frequência, totalmente ridícula. Eles perderam, então, o orgulho dos últimos homens e essa é precisamente sua virtude. Enquanto o niilismo passivo consistia na relutância em conceber que se vive a própria vida sem qualquer propósito, os *homens mais elevados* muitas vezes parecem patéticos em sua incerteza. Eles se envergonham do que são e de quão pouco sabem ou podem fazer. Esses *homens mais elevados* parecem confusos, mas estão confusos porque o mundo os influenciou. Como Nietzsche disse em *A gaia ciência*, "o que distingue os seres *humanos mais elevados* dos menos é que os primeiros veem e ouvem desmesuradamente mais e veem e ouvem com atenção" (GS 241).

O poder criativo que Nietzsche delineia aqui é afetivo e, em um sentido essencial, cria para além de si mesmo. É por essa razão que os *homens mais elevados* dão origem a esperanças, no grau mesmo em que seu futuro é aberto e essa abertura implica sua modéstia. Não se deveria nunca subestimar o rigor no uso que Nietzsche faz das palavras. Todos concordam, assim, que o caminho para o *além do homem* pode tomar a forma de uma superação de si, enquanto se esquecem muitas vezes que é precisamente esse *si* que deve ser superado nesse ato criativo. Quando Zaratustra fala de seu amor por esses *homens mais elevados*, ele liga, então, esse amor ao desejo de seu próprio fim: "Eu amo aquele que quer criar algo para além de si mesmo e, então, perece" (Z 91). Nem Zaratustra nem esses *homens mais elevados* proclamam serem *além do homem* – de fato, "nós" humanos nunca seremos *além do homem* – mas reivindicam compreender o *além do homem* como o sentido de suas existências, compreendendo-se, dessa maneira, como "semeadores do futuro" (4/246).

O ETERNO RETORNO DO MESMO COMO RELIGIÃO

Em nossas considerações acerca do ensaio de juventude "Sobre as vantagens e desvantagens da história para a vida", vimos que Nietzsche compreende a tarefa essencial de criação histórica como a autocriação da humanidade. Tratava-se nesse texto da questão de dar a si mesmo uma segunda natureza como aquela natureza que se teria querido ter. Uma tal segunda natureza é frágil e precária e pode muitas vezes parecer desnecessária em relação à primeira, que possui atrás de si a persuasão da tradição e do hábito, de sentimento e de instintos. E, entretanto, uma vez mais, o que deu esperança a essa segunda natureza é a compreensão de que aquilo que chamamos de primeira natureza foi um dia nossa segunda natureza, isto é, foi o resultado de uma criação histórica. A coragem para uma tal criação prospera, então, na compreensão de que não há nenhum fato em relação à natureza humana, que a criação é possível, e é esse *insight*, fornecido pelo pensamento do *eterno retorno do mesmo*, que fica por trás da repetição estilística de metáforas da comunidade cristã e de sua "Última Ceia" de Zaratustra e seus discípulos. Nossa primeira natureza é a ideia platônico-cristã do ser humano como o meio do caminho entre entre o céu e a terra. A segunda natureza aqui prevista é aquela do "espírito livre", aquele que libertou a si mesmo dessa tradição e é livre face a sua própria autossuperação. Também vimos que qualquer criação pressupõe uma destruição de valor histórico, de tal forma que esses "espíritos livres" são totalmente conscientes de sua própria finitude, conscientes do fato de que seu valor não reside neles mesmos, mas no que fazem em relação ao seu futuro.

Agora, é completamente claro a partir da ideia do corpo como o *locus* do pensamento, a partir da noção de história como o único conteúdo da filosofia, tanto quanto a partir da separação temporal entre os *homens mais elevados* e o *além do homem*, que não estamos aqui lidando com qualquer ideia "individual" de autossuperação. Uma vez que me encontro originalmente em uma sociedade histórica, uma vez que compreendo minha vontade e meus instintos como legado para mim pela história, Nietzsche diz que o objetivo da filosofia como a criação do ser futuro é "político", e que é somente com sua filosofia que novamente encontramos o sentido da "grande política". Quer dizer, essa criação necessariamente envolve toda a comunidade e, então, se dirige à sua comunhão. E, contudo, questões concernentes à comunhão dos seres humanos, a não ser que eles sejam vistos como entidades lógicas, são questões religiosas. A palavra "religião" em sua raiz dupla a partir de *relegere* (selecionar, levar em conta) e *religare* (conectar, ligar) concerne essencialmente àquilo que mantém juntos os seres humanos. E como eles somente são na medida em que são mantidos juntos, nunca houve nenhuma sociedade nessa Terra, nenhum ser humano sem ser ligado pela religião.

O pensamento do *eterno retorno do mesmo* aparece, então, como uma questão religiosa. Ela não se endereça, como *insight* que se segue da *morte de Deus*, diretamente à nossa imagem científica moderna do mundo, de modo que isso não consiste em algo de novo no interior da história europeia. Para Nietzsche nem chega a fazer sentido falar da ciência como "a nova religião", ainda que muitos cientistas se comportem com um fervor que apenas era encontrado em um sermão de domingo. Encontramos acima duas coisas acerca da ciência: que ela é a "arte que esqueceu que é arte", o que quer dizer que as ciências não compreendem a si mesmas e não são, então, o *locus* certo para se procurar uma tal compreensão; e que as ciências podem ser pensadas como "a sombra do Deus morto", o que quer dizer que elas são essencialmente derivadas de sua herança cristã.

Em outras palavras, há uma certa homologia entre o problema do niilismo que se segue à morte de Deus, por um lado, e os vários argumentos para a existência de Deus, mais notavelmente por Platão e Santo Anselmo, por outro, a saber, que eles argumentam que sem fé o ser humano perde contato com o mundo. Mas, e Nietzsche? Ele não é um ateu? Com frequência, vimos o contraste daquilo acerca do qual Nietzsche reflete, entre a época grega da arte e a época moderna da ciência. Em termos de religião, esse é o contraste entre o nosso mundo cristão moderno monoteísta e uma sociedade politeísta, na qual dos deuses aparecem e desaparecem, na qual Zeus é comido pelo seu pai e libertado de novo, na qual Dionísio, um imigrante tardio da Ásia, pode ainda vir a ser o deus mais reverenciado, tal como é reconhecido mesmo por Platão. Esses deuses são representativos de um poder criativo, transformando o todo da vida em uma questão de arte.

Nossa época, por outro lado, é, como Nietzsche o diz, caracterizada por "dois milênios, aproximadamente, e nem um único novo deus" (6/185). A doutrina do *eterno retorno do mesmo* é suposta levar a história europeia a uma crise na qual o forte é separado do fraco. Força e fraqueza têm sido vistos como estando em relação à concreção da vida e, portanto, como promotores da vida ou como cansados dela. A habilidade de acreditar no pensamento é, então, suposto fazer uma diferença:

> Essa doutrina [do *eterno retorno do mesmo*] é misericordiosa com aqueles que não acreditam nela; ela não contém infernos ou outras ameaças. Aquele que não acredita nela tem uma vida *fugaz* em sua consciência. (9/503)

Não é difícil ver a semelhança entre essa declaração e a afirmação de Santo Anselmo de que o ateu é um idiota, pois pode ser altamente inteligente, tendo, contudo, "uma vida fugaz em sua consciência". Nosso conhecimento do mundo se tornou destacado de nossos desejos, a necessidade da liberdade, o corpo da alma. Consequentemente, como acabamos de ver, o pensamento aparece para nós como algo inessencial e efêmero. Contra essa "vida fugaz" o desejo deseja eternidade. Vimos isso no rondó, discutido na introdução: "toda alegria quer eternidade, – quer uma eternidade profunda, profunda, profunda", como a confirmação última e insígnia da própria existência finita. A vontade é ameaçada com a perda de si no horizonte aberto da história, na qual tudo quase nem chega a aparecer antes de aparecer de novo. A verdade é, em toda a eternidade, caos. Essa ideia de uma "vida fugaz em sua consciência" captura, assim, nossa compreensão da vida animal como aquela que não tem mundo já que não pode tomar pé na existência. Tomar pé na existência significa, desde Platão, ser capaz de compartilhar do infinito divino e ser capaz de valorar a própria existência finita do nascimento à morte somente devido a um tal "compartilhamento". Os *homens mais elevados* estavam, então, confrontados com a valoração da sua existência como seres finitos através de sua autossuperação. Desaparecer com sentido significava, para os homens mais elevados, desejar sua própria queda em benefício do futuro.

O pensamento do *eterno retorno do mesmo*, então, fundamenta uma nova concepção de imortalidade – mudando com isso a ideia mesma da própria imortalidade. Esse pensamento constitui, nesse sentido, uma comunidade de crentes como aquela de Zaratustra e seus discípulos. Essa é uma comunidade porque garante a possibilidade de comunicação através de uma compreensão renovada do ser, e eles são crentes à medida que o *eterno retorno do mesmo* é uma base tautológica que se torna efetiva apenas através da fé. Uma tautologia é um argumento circular como, por exemplo, o argumento ontológico, que diz que apenas se você tem fé em Deus você pode entender a prova da existência de Deus. De um modo similar àquele por meio do qual o Deus cristão garantiu tanto a identidade da comunidade quanto a identidade do conhecedor e do conhecido através de sua própria essência como aquela que é idêntica a si, o *eterno retorno do mesmo* promete que, uma vez que você acredite nele, ele será a base circular da identidade da vida. Em outras palavras, o *eterno retorno do mesmo* é uma tautologia em um sentido similar ao Deus cristão, e se tem de acreditar em uma tautologia, pois de outra maneira ela permanece uma contradição lógica deteriorada e a imagem da morte, e não da vida. Ademais, o pensamento da *eterna recorrência* é a forma original de uma tautologia, de modo que põe a circularidade da existência.

A efetividade de uma tal base não é, então, dada logicamente, à medida em que um argumento tautológico é, de acordo com a forma lógica, uma falácia. Em vez disso, uma tautologia fundamenta a si mesma historicamente, na separação efetiva do passado, presente e futuro. Os *homens mais elevados* existem no horizonte aberto da história, com suas esperanças não fixadas a seu próprio ser, mas ao que se seguirá de seu falecimento. "Proteja-nos de ensinar uma tal doutrina como uma religião repentina! Ela tem de afundar lentamente; gerações inteiras têm de se constituir e se tornarem prolíficas através dela..."

O melhor local para procurar por um resumo dessas diferentes facetas do pensamento do *eterno retorno do mesmo* é a primeira nota concernindo o que Nietzsche fala de uma revelação que lhe veio durante uma caminhada nos Alpes em agosto de 1881 (9/494). Essa nota é intitulada "O eterno retorno do mesmo: esboço" e consiste em cinco entradas, colocando em itens os desafios colocados ao pensamento filosófico em consequência da *morte de Deus*. A primeira entrada fala da "incorporação de erros básicos", que compreendemos acima como a compreensão de que a nossa própria história conduziu a sensações de espaço e tempo, as quais, por sua vez, nos conduziu ao erro de uma redução do mundo aos estados de fatos objetivos. Foi aqui que a doutrina da *eterna recorrência* teve seu ponto de partida.

A segunda entrada fala da "incorporação das paixões". Vimos que o "erro" da nossa história é nos ter conduzido a uma contradição entre mente e corpo, entre liberdade e necessidade. Com base nesse erro, compreendemos a própria compreensão como meramente baseada em um nível lógico, como independente do mundo e da verdade, como uma adequação entre sentenças, como produtos da mente, e as coisas, como estados de coisas. Descartes compreendeu, então, a mente como uma substância, quer dizer, como algo que não pode ser diretamente tocado pelo mundo. Mas, como Nietzsche argumentou, nossos instintos, nossa sensibilidade, nossas crenças e mesmo nosso pensamento são eles próprios paixões, quer dizer, somos em todo nosso ser afetados pelo mundo histórico, e é somente por causa da incorporação dessas paixões que podemos superar o problema mente-corpo.

A terceira entrada caracteriza melhor esse *insight*, falando acerca do conhecimento como aquilo que define o ser humano: "a incorporação do conhecimento e do conhecimento que se abstém (a paixão da compreensão)." Podemos compreender o conhecimento, segundo Nietzsche, como o mais elevado afeto. Isso quer dizer que não apenas compreendemos o pensamento como uma paixão de descobrir o mundo, mas que o próprio pensamento é aquilo que nos é dado em nossa experiência de vida. Mas, por que deveria esse conhecimento ser um que "se abstém"? Tradicionalmente, compreendemos o pensamento como a atividade da mente, uma atividade por meio da qual se supunha que o ser humano ganhava domínio sobre o mundo. O conhecimento aqui simplifica e unifica o mundo. Ele usa categorias que forçam uma ordem naquilo que é em si mesmo caótico. A compreensão prescreve aqui, então, leis para a natureza, forçando-a a obedecer lá onde ela comanda. Mas, e se o pensamento fosse uma parte do mundo? E se ele não pudesse se distanciar da natureza e compreender a si mesmo como dado separadamente dele? Em outras palavras, e se *Deus está morto*? Se fosse assim, então o pensamento não poderia mais encontrar o poder em suas próprias leis, isto é, no que chamamos de racionalidade. Essas leis são, fundamentalmente, a lei de não contradição, a lei da razão suficiente e a lei da identidade dos indiscerníveis. Um conhecimento que se abstém de impor seus próprios limites ao mundo teria, então, de sofrer mais verdades, mais imagens diferentes das coisas. A questão da verdade se tornaria para ele uma questão de força, a saber, quanta verdade pode ser incorporada sem que se pereça.

Aqui o pensador se torna um experimento com pensamento, um experimento tentando criar aquele ser humano para o qual o pensamento do *eterno retorno do mesmo* se torna algo suportável e mesmo deleitoso. Não mais responsáveis perante Deus e sendo, ao mesmo tempo, experimentadores e aqueles que são experimentados, esses novos pensadores são caracterizados pela sua inocência. A quarta entrada diz: "O inocente. O indivíduo como experimento. A simplificação da vida, humilhação, atenuação – transição". Os *humanos mais elevados*, como vimos, compreendem a si mesmos como transitivos, eles são um rejeitar e um sucumbir. Para passar para além da autointerpretação dos *últimos homens* como aqueles de valor infinito, esses *humanos mais elevados* são humilhados, sua violência é atenuada.

Você poderia objetar que esses *humanos mais elevados* são aqueles de uma maior *vontade de poder*, e que é por essa razão que voltaremos agora a essa última noção, que é central na obra de Nietzsche. Vejamos, primeiramente, se a última entrada no "Esboço" agora se tornou clara:

> 5 O novo peso pesado: o *eterno retorno do mesmo*. A infinita importância de nosso conhecimento, de nossos erros, de nossos hábitos e formas de vida para tudo que vem. O que temos de fazer com o resto de nossa vida – nós, que gastamos a maior parte dela em ignorância essencial? Ensinamos a doutrina – esse é o meio mais forte de incorporar a nós mesmos. Nosso tipo de felicidade, como mestres da mais importante doutrina. (9/494)

Conclusão: a vontade de poder

A *vontade de poder* é, após a doutrina do *eterno retorno do mesmo*, o pensamento mais central na filosofia de Nietzsche. Quando Nietzsche diz, ao final da década de 1880, que agora pode ver todas as suas obras se unindo e querendo uma coisa, isso então se dá na noção de *vontade de poder*. Enquanto a *vontade de poder* é uma concepção fundamental no pensamento de Nietzsche, enquanto ele a usa para compreender esse fenômeno mais efêmero que chamamos de vida, podemos lidar com ela aqui na forma de uma conclusão para nossas incursões na obra de Nietzsche, já que encontramos todos os vários desenvolvimentos de seu pensamento que tornam necessária a noção de *vontade de poder*.

Vimos que Nietzsche compreende a filosofia e o pensamento em geral em um sentido muito diferente do da tradição. O pensamento, como sendo parte do mundo antes do que um olhar desinteressado ao mundo, tem de renunciar ao seu absolutismo teórico e, então, por exemplo, o pensamento da *eterna recorrência* tem de dar conta do fato que, como qualquer outra coisa, surge no mundo e desaparece dele novamente, como uma aranha sob o luar. Em outras palavras, não há verdades eternas e, consequentemente, nenhuma verdade que valha sempre e para todos. Em resumo, Nietzsche não é um metafísico que forneceria uma metateoria concernente a tudo da natureza.

E, contudo, a doutrina do *eterno retorno do mesmo* parecia, antes de tudo, contradizer essa ideia quando ela apareceu como uma tese cosmológica. E o que devemos fazer com o pensamento da *vontade de poder*, que Nietzsche descreve, então, em sua forma mais clara: "*Esse mundo é a vontade de poder – e nada além disso*! E você mesmo é essa *vontade de poder* – e nada além disso" (11/610; WP §1067). Podemos imaginar uma sentença que soe *mais* metafísica que essa? A metafísica pode ser descrita como determinando o ser em geral e enquanto tal. Ela faz isso na unidade das várias disciplinas filosóficas, da ontologia e ética à política e estética. E essa sentença concernente à *vontade de poder* certamente parece dizer que tudo, todos os seres, você próprio e todo ser humano é *vontade de poder*. Não somente todo ser humano, mas tudo, de mim a você, de coelhos a regatos, de árvores a pedras, solo e ar. E todas essas coisas são compreendidas da perspectiva não apenas da vontade, mas sim de uma vontade particular, a saber, aquela vontade que busca poder.

Mas sejamos cautelosos. Vimos quando encontramos argumentos da existência de Deus que eles eram todos dirigidos a uma compreensão do "mundo" e que o mundo é, de qualquer maneira, aquilo que experienciamos e no qual experienciamos a nós mesmos. Não se está afirmando, assim, de uma Terra, por assim dizer, absoluta, independente de uma tal experiência. Não estamos, então, falando acerca de coisas-em-si-mesmas ou perguntando acerca de se tudo seria *vontade de poder* se não houvesse nenhuma experiência. Falar do mundo significa aqui olhar para ele não desde fora, mas perguntar sobre como seria possível olhar para ele de dentro.

Esse mundo é muitas vezes chamado por nós de "mundo-da-vida" e a noção de *vontade de poder* responde à reivindicação que encontramos acima, a saber, olhar para a ciência a partir da perspectiva da arte e para a arte a partir da perspectiva da vida. Nós, filósofos, estando vivos, tentamos compreender o mundo para nos tornarmos ativos, para promover a vida. O que encontramos nesse mundo? Para responder a essa questão, Nietzsche recorre a uma indicação da ciência. Vimos em Leibniz a descoberta da força e dissemos que, quando olhamos para o mundo e experienciamos alguma coisa, isso aparece como uma força. Uma força não é uma coisa que eu possa compreender em isolamento para ver como ela, então, interage com outras, ao contrário, uma força é sempre igual à sua expressão. É apenas uma relação e nada além disso. Ela é assim apenas porque está no mundo. E é com relação a isso que é pura atividade. Além do mais, quando olhamos para Hegel, vimos que a compreensão, ao tentar compreender o mundo, experiencia a si mesma como uma força, quer dizer, como uma parte desse mundo de forças.

Mas as ciências naturais fizeram desse mundo de força algo passivo, factual, de tal forma que a compreensão pode entendê-la em termos de um certo conhecimento do mundo. Nesse sentido, ela alienou a força da compreensão do mundo. Uma força é, nas ciências, algo que pode ser numericamente determinado, e é nesse sentido que ela não é puramente ativa. É por isso que Leibniz postulou o princípio de atividade, por assim dizer, "por trás" da força e, por meio disso, em um sentido metafísico. Mas isso significa que a vida, o princípio do automovimento, está por trás do mundo sendo divorciado de sua autoexpressão. É por essa razão que Nietzsche fala da metafísica como niilismo. Superar a separação entre o mundo verdadeiro e o mundo aparente e abolir ambos significa fazê-los entrar em colapso um com o outro. Essa vontade não é, então, a verdade metafísica de uma força aparente, mas o mundo é *vontade de poder*, e nada além disso.

Colapsar esses dois mundos e sua distinção é postular a identidade entre liberdade e necessidade, entre valor e fato, entre mente e corpo, tal como o vimos em nossas investigações do pensamento de Nietzsche. Isso pode ser feito somente a partir da perspectiva da arte, porque a arte compreende a noção de criação a partir da necessidade de ser. "Temos de nos tornar os melhores aprendizes e descobridores de tudo que é legal e necessário no mundo: temos de nos tornar *físicos* para sermos *criadores*..." (GS 266). Essa noção de criação não distingue, então, entre a natureza passiva e as qualidades artísticas de um ser humano transcendental, mas mantém que o ser humano pode ser livre somente na medida em que pode encontrar liberdade no interior do mundo. Nietzsche argumenta, assim, que a arte é o fenômeno mais claro da *vontade de poder* e que o mundo é "uma obra de arte dando à luz a si mesma" (12/119).

Tendo anunciado a *morte de Deus* na seção 108 de *A gaia ciência*, Nietzsche perguntou a si mesmo como poderia superar as sombras de Deus. Essa questão tem o mesmo sentido da pergunta "quando podemos começar a naturalizar a humanidade em termos de uma natureza pura, recentemente descoberta, recentemente redimida? (GS 169). As implicações dessa afirmação são agora completamente claras. Conquanto olhemos a ideia da natureza nas ciências modernas, podemos certamente não naturalizar o ser humano. Em uma tal natureza não há espaço para nada que não um animal tecnologicamente fixado. É por isso que a doutrina do *eterno retorno do mesmo* levantou a questão de ou animal ou *além do homem*. Mas, olhando para a física a partir da perspectiva da arte, a *vontade de poder* dá origem à compreensão da natureza em termos da vida. Concebida a partir dessa postura da abolição do "mundo aparente", a natureza está redimida dessa concepção na imagem da morte.

Vimos que a história se tornou o único conteúdo da filosofia e que uma tal filosofia é também uma filosofia da arte, pois a arte expressa a realidade histórica do mundo. Agora, podemos ver que uma tal filosofia é também necessariamente uma filosofia da natureza. É por essa razão que Nietzsche, em seus cadernos de notas a partir de 1880, desenvolve os começos de uma fisiologia da arte na base da noção de *vontade de poder*. A arte é vista aqui como expressão de processos fisiológicos, de uma intoxicação do corpo, uma hipersensibilidade, ou como surgindo a partir do mundo imaginativo de sonhos.

Mas o que essa questão da natureza nos oferece aqui com respeito à compreensão da *vontade de poder*? *A vontade de poder* é uma compreensão do mundo a partir da perspectiva da consciência. É a consciência ou, pelo menos, a "inconsciência" que compreendemos ser o agente do querer. Essa consciência *tem* uma vontade e pode deter essa vontade conhecendo-a, controlando-a, deliberando acerca de seus fins. Daqui se segue a maior parte das compreensões equivocadas da filosofia de Nietzsche. A noção de uma consciência *tendo* uma vontade permite-nos compreender a *vontade de poder* somente como a conquista autointeressada de tudo que fica no seu caminho. Consequentemente, faz-se a ligação entre a noção de *vontade de poder* a violência e ignorância. Contra isso podemos colocar o controle cultural desses instintos naturais, selvagens. Já vimos por que essa não é a compreensão de Nietzsche da *vontade de poder*.

A *vontade de poder* não pode ser compreendida como algo que eu, como um sujeito, tenho e que eu posso, então, exercer ou não exercer no mundo. Dizer que você é *Vontade de Poder* e que o mundo é *Vontade de Poder* é partir a noção da subjetividade mesma, isto é, a distinção entre sujeito e objeto como descrições de experiência. É por isso que a *vontade de poder* solapa nossas ideias de agência subjetiva. Estas dependem da ideia de responsabilidade por meio de uma separação estrita entre deliberação como um processo lógico e ação no mundo. Contudo, a *vontade de poder* descreve a vida como atividade pura, incapaz de "parar" a si mesma e deliberar. Essa questão, então, implica o todo da crítica de Nietzsche da moralidade cristã.

A mesma questão está em jogo na compreensão do perspectivismo de Nietzsche. Tem-se frequentemente compreendido por isso que qualquer perspectiva que eu poderia expressar em termos de uma interpretação tem seus méritos relativos. Mas isso recai em excentricidades e voluntarismo de "crenças" e "pontos de vista" que se poderia *ter* do mundo. E essa recaída ocorre porque aqui pressupomos de novo silenciosamente que o "eu" que "tem" essas perspectivas está ele mesmo fora de todas as perspectivas, de maneira a ser capaz de "escolher" perspectivas. E, contudo, a noção da *vontade de poder* diz que *eu sou* aquela perspectiva. Esta não é apenas uma reivindicação epistemológica, mas ontológica. A objetividade verdadeira, Nietzsche afirma, não tem nada a ver com a ausência de perspectivas, que ele considera ser totalmente impossível, mas sim com a pluralidade de perspectivas.

Temos apenas de recordar que a vontade é entendida de acordo com a noção de força como algo que somente existe na relação com outras forças. Essa vontade se torna mais forte quanto mais relações ela mantiver. E, se esse é o caso, então podemos ver que sua atividade está principalmente ligada a uma abertura para afetar, com uma habilidade para ser afetado. A mais elevada *vontade de poder* – e podemos ver isso em relação ao fenômeno do artista – é, assim, aquela na qual podemos ver mais, ouvir mais, experienciar mais; aquela que, em outras palavras, pode até um certo grau se perder no mundo, que é o menos voluntarioso: "há *apenas* um ver perspectivo, *apenas* um "conhecer" perspectivo, e quanto *mais* afetos permitimos falar acerca de uma coisa, quanto *mais* olhos, diferentes olhos, podemos usar, tanto mais completo será nosso "conceito" dessa coisa, tanto mais completa será nossa "objetividade"" (5/365). Essa afetividade era a razão de Nietzsche ter dito, no primeiro capítulo deste livro, que nós, filósofos, somos aqueles "que pensam e sentem ao mesmo tempo" (GS § 301).

À questão "quem interpreta?", Nietzsche responde: "a *vontade de poder*". Essa interpretação conduz a uma compreensão de si mesmo vivendo. Uma tal compreensão não é, na maior parte dos casos, algo que compreenda ou mesmo possa compreender conscientemente. Os tentilhões de Darwin interpretam o mundo e, então, compreendem a si mesmos vivendo em vários ambientes. Viver, como Nietzsche diz, é interpretar. Toda a vida é *vontade de poder*.

Podemos ver aqui novamente a crítica de Nietzsche à concepção darwiniana de evolução. De acordo com isso, a vontade fundamental é vontade de autopreservação. Uma tal vontade seria uma vontade pervertida, pois deseja que nada mude. Ela restringiria sua vontade ao presente, mas isso é, segundo Nietzsche, um absurdo. Ela postula uma passividade fundamental subjacente à atividade de interpretação. Mas, desde o *Banquete* de Platão, sabemos muito bem que não se pode querer o que se é. Querer é, então, sempre um ir além de si, uma criação para o futuro. Essa foi a razão de Zaratustra ter dito para os *homens mais elevados*: "eu amo aqueles que desejam sua própria queda" (Z 44), quer dizer, aqueles cujo propósito não é apenas preservar a si mesmos em seu próprio futuro, que tentam impor a pátria às gerações vindouras, mas sim aqueles que veem a vida como autossuperação. Isso não é o oposto de uma vontade de autopreservação, não é um desejo de morte, mas uma afirmação da vida no horizonte do devir. Encontramos essa ideia nos termos do *além do homem*. Em vez de advogar um desejo voluntarioso de vir a ser o *além do homem*, Zaratustra nos pede para "deixar o *além do homem* ser o sentido dessa Terra" (Z 42).

Tornou-se, então, claro também que a noção da *vontade de poder* não é inteligível em sua distinção das outras formas da vontade. Ela não fica em oposição a uma vontade de amabilidade ou uma vontade de amor ou qualquer que seja. A partir da perspectiva da vida, a vontade aparece essencialmente como uma *vontade de poder*. Falar de uma evolução do ser humano como um ser que não pode existir sem verdade significa, então, derivar as noções de vontade, liberdade, consciência, etc., da ideia de uma natureza redimida, da vida no sentido mais amplo do termo.

Mas isso tudo pode soar como um pouco benigno demais. Precisamos apenas olhar para a vida e compreender que ela não é exclusivamente um "ser legal um com o outro". Certamente a vida é subjugante: a natureza frequentemente aparece como a questão de "comer ou ser comido", e a história humana, mais do que qualquer outra, é uma história de crueldade. Mesmo a educação foi vista como forçando o ser humano em uma forma. É por essa razão que Zaratustra, o mestre da *eterna recorrência*, tinha de ser o advogado do sofrimento. E, contudo, como Nietzsche diz, a ideia da *eterna recorrência* é, ao contrário, em oposição à moralidade cristã, a ideia de "compartilhar não o sofrimento, mas a alegria" (GS 338).

Referências

LEITOR

Ansell-Pearson, Keith & Duncan Large (eds), *The Nietzsche Reader* (Oxford: Blackwell. 2006).

INTRODUÇÕES

Ansell-Pearson, Keith, *How to Read Nietzsche* (London: Granta, 2005). Copleston, Frederick, *A History of Philosophy*, Vol. 7, Part II, 'Schopenhauer to Nietzsche' (New York: Image Books, 1965).
Deleuze, Gilles, *Nietzsche and Philosophy* (London: Athlone, 1983).
Fink, Eugen, *Nietzsche's Philosophy*, (London: Continuum, 2003).
Hill, Kevin, *Nietzsche: A Guide for the Perplexed* (London: Continuum, 2007).
Vattimo, Gianni, *Nietzsche: An Introduction* (London: Continuum, 2001).

BIOGRAFIA

Safranski, Rüdiger, *Nietzsche: A Philosophical Biography* (London: Granta, 2003).

COLETÂNEAS DE ENSAIOS

Allison, David B. (ed.), *The New Nietzsche* (Cambridge MA and London: MIT Press, 1977).
Lippitt, John and Jim Urpeth (eds), *Nietzsche and the Divine* (Manchester: Clinamen Press, 2000).
Magnus, Bernd and Kathleen M. Higgins (eds), *The Cambridge Companion to Nietzsche* (Cambridge: Cambridge University Press, 1996).
Sedgwick, Peter R. (ed.), *Nietzsche: A Critical Reader* (Oxford and Cambridge MA: Blackwell, 1995).

TEXTOS GERAIS

Bataille, Georges, *On Nietzsche* (London: Continuum, 2004).
Blondel, Eric, *Nietzsche: The Body and Cullure* (London: Athlone, 1991).
Derrida, Jacques, *Spurs: Nietzsche's Styles* (Chicago: University of Chicago Press, 1981).
Haar, Michel, *Nietzsche and Melaphysics* (New York: SUNY Press, 1996).
Heidegger, Martin, *Nietzsche*, 4 volumes (London: HarperCollins, 1991).
Jaspers, Karl, *Nietzsche: An Introduction to the Underslanding of His Philosophical Activity* (Baltimore and London: Johns Hopkins University Press, 1997).
Kaufmann, Walter, *Nietzsche: Philosopher, Psychologist, Antichrist* (Princeton: Princeton University Press, 1975).
Klossowski, Pierre, *Nietzsche and the Vicious Circle* (London: Athlone, 1997).
Marsden, Jill, *After Nietzsche: Notes towards a Philosophy of Ecstasy* (Basingstoke: Palgrave Macmillan, 2002).
Nabais, Nuno, *Nietzsche and the Metaphysics of the Tragic* (London: Athlone, 2006).

SOBRE *ALÉM DO BEM E DO MAL*

Burnham, Douglas, *Reading Nietzsche: An Analysis of* Beyond Good and Evil (Stocksfield: Acumen, 2006).
Lampert, Laurence, *Nietzsche's Task: An Interpretation of* Beyond Good and Evil (Yale: Yale University Press, 2004).

SOBRE *A GENEALOGIA DA MORAL*

Davis Acampora. Christa (ed.). *Nietzsche's* On the Genealogy of Morals: *Critical Essays* (New York: Rowman & Littlefield. 2006).
Owen. David. *Nietzsche's* Genealogy of Morality (Stocksfield: Acumen. 2007).

SOBRE HISTÓRIA

Foucault, Michel, 'Nietzsche, Genealogy, History', in Paul Rabinow (ed.), *The Foucault Reader* (New York: Pantheon, 1984), pp. 76-100.

SOBRE CIÊNCIA

Babich, Babette and Robert Cohen (eds), *Nietzsche, Epistemology, and Philosophy of Science,* 2 volumes (Dordrecht, Boston, London: Kluwer, 1999).

E UM ROMANCE

Yalom, Irvin D., *When Nietzsche Wept* (New York: Perennial Classics, 2005).

ÍNDICE

A

Adorno, Theodore 11
Afirmação 19-20, 21, 36, 48-50, 52-53, 68, 76-77, 79-81, 84, 90, 100-101, 110-111, 130-131, 143, 154
A gaia ciência 11, 36, 42, 44, 48, 68, 74, 88, 93-94, 97, 99, 106, 109, 111-112, 115-116, 128, 130-131, 144-145, 152-154
Aldeia Global 61-62
Alegoria 134, 138
Alegoria da Caverna 18-19, 26, 30-31
"Além-do-Homem", o 11-12, 16, 18-19, 21, 57-58, 66-67, 114-116, 132-134, 138-145, 152, 154
Alienação 74-75, 79, 81, 135-136
"amor fati" 48-49, 53-54, 126-127
"A Morte de Deus" 11-16, 22, 29-30, 37-39, 57, 78-80, 90-92
Antígona 74-75
Apolo 27-28, 98-99
Argumento Ontológico da Existência de Deus 91-94, 146-147
Aristóteles 102
Aritmética 120
Arte 16-18, 27-31, 51-52, 64-65, 74-75
Aurora 68, 88, 107, 109-110, 115-116
Autenticidade 48-49
"Autossuperação" 21, 144-145, 154

B

Behaviorismo 33-35, 56, 61-62
Biologia 39-40, 99, 116-117, 120
Bismark 13-14
Brandes, Georg 21
Buddha 90

C

Carnap, Rudolf 28-29
Cartesianismo, ver: Descartes
Causas, as quatro 102
Ceticismo 14, 26, 68, 88, 108-110, 119
Ciência 97
Ciências Naturais 10, 13-15, 19-20, 28-31, 33, 43, 45-46, 48, 51-54, 62, 71-72, 90, 114, 120, 122, 125-127, 145-146, 151
Copérnico 105-106
Corpo 14, 32, 37-45, 48, 52-54, 56, 62, 64-66, 86, 116-117, 125-126, 138-139, 143, 145-146, 152;
    ver também Dualismo Mente-Corpo
Cosmopolitismo 61-62
Crepúsculo dos Ídolos 108, 116-117
criação 57-58, 61-67, 89, 106, 117-118, 142, 145-146
Criação Artística 11, 14, 20, 31, 82-83, 98-99
"Criançolândia" 68-69, 80, 143
Cristandade 13-15, 17, 19-21, 30-31, 39-40, 48-49, 77-78, 96, 100-101, 103, 106-112, 144, 145-146, 152-153
Cultura 12-13, 16, 25, 29-30, 32, 52-53, 61-65, 69-70, 73, 76-77, 85-87, 99, 109-110

D

Darwin, Charles 51-52, 64-65, 78-79, 139-140, 153-154
Dawkins, Richard 96, 103-104
Democaria, 58-59, 73
Descartes, René 13-14, 24, 28-29, 33, 37-38, 42, 44-45, 46, 61-62, 74-75, 77-78, 91-94, 101-105, 107, 116-117, 120, 129-130, 148
Destino e História 20, 50-51

Determinismo 37-38, 46, 48-52, 54, 68, 89,
    97-98, 110-111, 125-126, 127,
    ver também: Determinismo Biológico
Determinismo Biológico 33, 34-35, 37-38,
    54, 96
"Deus está Morto", ver: "A Morte de Deus
Dialética 69-70, 72-73
Diderot, Denis 48-51
Dionísio 21, 27-28, 98-99, 146-147
Don Juan 87
Doutrina Maiêutica 57
Dualismo Mente-Corpo 13-14, 34-35, 37-38,
    40, 42, 51-54, 85, 91-92, 94,
    116-117, 125-126, 133, 135, 148, 152
Dühring 52-53

E

Ecce Homo 12-13, 53-54, 143
Economia 11, 57-58, 60-61, 63, 73, 117-118
Édipo 49-50
Educação 23, 32, 38-39, 56-69, 82-83, 88,
    115-118, 154
Emerson, Ralph Waldo 40
"Enfermidade Histórica" 34, 84, 118, 133,
    135
Eros 21, 34-35
Espinosa, Bento de 44, 83-84, 117-118
Espírito 11, 29-30, 38-40, 42, 48, 64, 66-68,
    74-76, 78-79, 88, 106, 109-110, 112,
    122-124, 135, ver também: "Espírito
    Absoluto", "Espírito Livre" e "Espírito
    de Gravidade"
Espírito Absoluto 76-77, 123-124
"Espírito de Gravidade" 135-138
"Espírito Livre" 108-110
Estética 31, 87, 97, 151
Estudos Clássicos 27
"Eterno Retorno do Mesmo" 11-12, 16, 21,
    25, 35-36, 38-39, 46, 57, 66-68, 81,
    97-98, 104-105, 109, 115-152, 154
Europa 12-13, 30-31, 35-36, 59-60, 63,
    74-75, 79, 99, 108, 115
Evolução, Teoria da 24, 64-65, 77-78,
    153-154

F

Fascismo 58-59
Fatalismo 40, 44-45, 48-55, 68, 126-128
Filogênese 64, 68-69
Filologia 17, 26, 32, 34-36, 97, 114
Filosofia Analítica 17

Filosofia Europeia 17, 27, 108
Filosofia Transcendental 59-60, 64-65,
    77-78, 118, 129, 135
Física 39-40, 46, 51-52, 97-98, 100-101, 106,
    110-111, 120, 127, 152
Físico, Filósofo como 11-12, 32-36, 88,
    109-110, 118
Fisiologia 40, 152-153
Fisiologia da Arte 152-153
Formação 62, 67
Foucault, Michel 17-18
Freud, Sigmund 21

G

"Genealogia" 31, 111-112
Genealogia da Moral 11-12, 43, 61-62,
    141-142, 143
Genética 24, 61-62
Geometria 36, 120
Geschichte 75-76, 79, 82-83
Goethe 27-28, 54, 71-72, 115
"Grande Estilo" 86
"Grande Política" 57-58, 62, 145-146
"Grande Razão" 42, 48, 54, 65-66, 135-139,
    143
Grécia Antiga 17-20, 27, 29-30, 35-36,
    49-50, 53-54, 58-59, 62-67, 74-75,
    79, 82-83, 97, 98-101, 146-147

H

Hegel, G.W.F. 16, 26, 44, 49-50, 64
Heidegger, Martin, 17, 49-50
Heisenberg, Werner 33, 111-112
Heraclitus, 16, 81-82
História 13-15, 25, 27, 31, 34, 36, 39-41,
    44-45, 51-52, 56-65, 69-88, 112,
    116-117, 137, 139-140, 144, 147-148
"História Arqueológica" 82-85
"História Crítica" 82-85, 88
"História Monumental" 80, 82-83, 85, 89
Historicismo 10, 85
Hölderlin 20, 99
Holocausto 11
"Homem de Intuição" e "Homem de Razão"
    29-30
"Homens mais elevados" 9, 27-28, 132, 135,
    139-140, 144, 149
"Honestidade, Nossa" 17, 98-99
Humanismo 32-34, 43, 58-62, 64, 133
Humano, Demasiado Humano 67-68, 88,
    107-110, 115-116

I

Idealismo 24, 30-31, 38-39, 45-46, 51-54, 97, 102, 104-105, 131-132
Iluminismo 10, 13-14, 16, 18-19, 58-61, 74-75, 79, 116-117, 122-123, 135
Imortalidade 15, 22, 34-35, 63, 147-148
Imperativo Categórico 118, 129-131
Individuação, Princípio da 98-99
Individualismo 55, 87
Interpretação, Teoria da 18-19, 29-31, 35-36
Intoxicação 27-28, 98-99, 135, 152-153

J

Jaspers, Karl 64
Jesus Cristo 48-49, 92-93, 138, 141-142
Jornalismo 67, 87
Judas 48-49, 131-132
Júlio César 54, 141-142
Justiça 11, 25, 59-60, 62, 68, 86, 122-123

K

Kant, Immanuel 13-14, 16, 37-38, 43-45, 54, 58-59, 74-75, 77-78, 84, 94, 101, 104-106, 108, 117-118, 120, 127, 129-131, 135
Kaufmann, Walter 25
Kierkegaard, Soren 87

L

Lamarck 78-79
Leibniz, Gottfried 44-54, 60-61, 68, 75-76, 78-79, 99, 101, 103-104, 117-118, 120, 127, 131-132, 151
Leis da Natureza 101, 105-106, 149
Liberdade, Concepções de 15, 30-31, 34-35, 37-40, 45-46, 48-54, 57, 62, 91-92, 94, 110-111, 118, 129-130, 143
Linguagem 25, 72-73, 95, 138
Literatura 29-30, 97-98, 107, 144

M

Marx, Karl 11
Matemática 13-14, 20, 29-30, 101, 103-105, 109-112, 120
Materialismo 30-31, 38-39, 53-54, 104-105, 120, 131-132
Mecânica Quântica 33, 111-112
Memória 15, 58-59, 62, 64, 74, 81, 87, 123-124, 128
Merleau-Ponty, Maurice 57-58
Metafísica 14, 24, 31, 45-47, 52-54, 62, 68-69, 75-76, 97, 107, 132, 151
Metáfora 38-39, 92-93, 95, 138
Método 17, 25, 31, 70-71, 73, 97-99, 103, 111-112, 116-117
Modernidade 20, 33, 37-38, 60-61, 74, 86, 89, 116-117, 129, 133-135
Mônada 47, 51-52, 60-61
Montaigne 37-38
Moralidade 28-29, 33, 59-60, 63, 70-71, 94, 97, 100-101, 106, 118, 127, 129-132, 152-153
"Moralidade de Escravo" 19-20, 143, 152-153
Mundo-da-Vida 16, 65-66, 151

N

Nacional Socialismo 17, 18-19, 139-140
Nacionalismo 12-13, 59-60, 65-66
Napoleão 10, 12-13, 54, 59-60, 79
Natureza 11, 23, 37-38, 41, 43, 45-46, 58-59, 65-66, 73, 83-84, 101, 103-105, 107, 109-112, 116-117, 120, 125-126, 149, 152, 154
Neurath, Otto 71-72
Newton, Isaac 45-46, 54, 101, 103-104, 120, 127
Niilismo 11-12, 14, 19-20, 34, 57, 59-60, 85, 88, 90-114, 116-117, 119, 132, 138-140, 142-144, 146-147, 152
Niilismo Europeu 11, 16, 19-20, 33, 57-58, 116-118

O

O Anticristo 11-12, 21, 33, 60-61, 68-69, 92-93, 97, 111-112, 135-136, 138, 141-142
O Futuro de nossas Instituições Educacionais 60-61, 66-67
O Nascimento da Tragédia 11-12, 19-20, 27-28, 53-54, 66-67, 97-101
Oikos 58-59

P

Paideia 62
Panlogismo 44-45, 77-79
Panteísmo 83-84
Para Além do Bem e do Mal 11-12, 32, 69-70, 100-101
Pátria 68-69, 143, 154

Perspectivismo 47, 63, 65-66, 71-72, 74, 78-80, 87, 111-112, 137, 144-145, 149, 152-153
Pessimismo 19-20
Picht, Georg 27
Piedade 22
Platão 14, 16, 18-19, 22, 24, 26, 30-31, 34, 38-39, 54, 56, 58-59, 62, 64, 68, 69-70, 73, 75-79, 91-92, 100-101, 103, 108, 116-117, 119, 126-127, 132, 135-136, 145-146, 153-154
Poesia 11, 36
Política 33, 34-35, 37, 57, 62, 70-71, 74-75, 122-123, 145-146, 151
Positivismo 28-29, 33, 108
Pré-Socráticos 112
Psicanálise 13-14, 40, ver também Ferud
Psicologia Evolutiva 33, 50-51, 61-62

R

Racionalismo 44-46, 117-118
Racismo 12-13, 58-59, 65-66
Rafael 83-84
Realismo 97
Relativismo 25
Religião 17-20, 61-62, 90-91, 109-110, 112, 144-148
Renascimento 64, 82-83
Retórica 62, 65-66
Revolução Francesa 10, 59-60, 79

S

Santo Anselmo de Canterbury 91-92, 146-147
Sartre, Jean-Paul 48-49, 67
Schelling, F.W.J. 110-111, 130-131
Schopenhauer como Educador 89
Schopenhauer, Arthur 27, 66-67, 69-70
"Segunda Natureza" 89, 144-145
"Sentido Histórico" 24, 31, 69-72, 78-79, 89
Símile 138, 144
Socialismo 58-59, 139-140
Sócrates 27-28, 43, 100-101
Sofistas 63
Sófocles 74-75
Somatografia 41, 53-54
Spengler, Oswald 53-54
Subjetividade 26, 43-45, 59-60, 77-78, 104-105, 112, 152-153
"Super-Homem", ver: "Além-do-Homem"
Suspeita, Filosofia da 15

T

Tanatos 21
Tautologia 51-52, 147-148
Tecnologia 10, 11, 64-66, 117-118, 152
Teologia 14, 17, 54, 63, 103
Teoria do Big Bang 123-124, 126-127
Transcendência 14, 22, 24, 37-38, 52-53, 59-60, 62

U

"Ubermensch", ver: "Além-do-Homem"
"Últimos Homens" 60-61, 132-136, 139-140, 142-144, 149
Universidade 60-61

V

Vantagem e Desvantagem da História para a Vida 27, 30-31, 71-72, 80-89, 144-145
Verdade e Mentira em um Sentido Extra-Moral 27-31, 35-36, 44, 70-71, 95, 105-106, 134
"Verdadeiro Mundo", o 14, 24, 38-39
Vida Absoluta 76-80
Vida, Filosofia da 20, 31, 75-76, 99, 151, 153-154
"Vindo a ser aquele que se é" 48-50, 52-53, 57, 66-67, 110-111, 130-131
Visão Trágica do Mundo 19-20, 49-50, 53-54, 99
Vontade de Poder 68-69, 119, 123-126, 150
"Vontade de Poder" 11-12, 16, 21, 25, 35-36, 48, 52-53, 57, 114, 139-140, 142, 149-154
"Vontade de Verdade" 63, 81-82, 96, 100-101, 103, 106

W

Wagner 66-67, 108
Whitehead, Alfred North 64
Wittgenstein, Ludwig 21

Z

Zaratustra, *Assim Falava* 9, 11-12, 17-18, 21, 28-29, 37-39, 42, 66-68, 97-98, 115, 117-118, 133-143, 154
Zeus 146-147